月の教科書

占星術が誤解していた、
この星の真相

マドモアゼル・愛　著

あなたの月星座を調べよう!

月星座を調べるための
コンテンツをお届けします!

本書を読むにあたって、まず、
あなたの出生時に、月がどの星座にあったかを調べましょう。

❶下記の『アネモネLINE@マドモアゼル・愛』の友だち登録用QRコードを、LINE内のQRコードリーダーで読み込んでいただき、ご登録ください。

❷まもなく、『マドモアゼル・愛の、本当の自分を知る「月星座」占い』のURLが、トークへ送られてきます。

❸そのURLにアクセスしていただき、案内の通りに必要事項（生年月日、出生時間）をご入力いただければ、簡単にご自身の月星座をお調べいただけます。

『アネモネLINE@マドモアゼル・愛』の友だち登録用QRコード

月星座を調べるために必要な情報について

月星座を調べるには、下記の情報が必要になります。

❶**生年月日：**生年月日は実際に生まれた日のこと（出生を届けた日ではありません）。

❷**出生時間：**出生時間は母子手帳などに記載されています。

もしわからない場合は、朝・昼・夜といった大体の情報で構いません。出産時の状況をご存じの方にご確認ください。任意の時刻を設定して調べてください。

出生時間がまったくわからない場合は、12時で調べます。

その場合、まれに本来の正しい月星座にならないこともありますが、大体のケースではそれが正しい月星座です。

理由は、前後6度の違いが最大値であるため、12時で調べた際、結果が「〇〇座の6度〜24度以内」でしたら、その星座でほぼ間違いないからです。12時で調べた際にもし、

・〇〇座の6度未満のとき　→　〇〇座のひとつ前の星座
・〇〇座の24度以降のとき　→　〇〇座のひとつ次の星座

上記の方法は、月星座を確証するものではありません。あくまでご参考としてご利用ください。

ですが、本書を読み進めていただき、月星座の特徴が理解できるようになるにつれ、「私は間違いなく〇〇座の月だ」とわかるようになると思います。月星座の特徴は、それだけはっきりしているのです。

太陽星座も一緒に調べておこう!

月星座を調べる際に、同時に太陽星座も確認しましょう。

生まれた日が、

3月21日～4月20日	太陽は**おひつじ座**
4月21日～5月21日	太陽は**おうし座**
5月22日～6月21日	太陽は**ふたご座**
6月22日～7月21日	太陽は**かに座**
7月22日～8月22日	太陽は**しし座**
8月23日～9月22日	太陽は**おとめ座**
9月23日～10月22日	太陽は**てんびん座**
10月23日～11月22日	太陽は**さそり座**
11月23日～12月21日	太陽は**いて座**
12月22日～1月20日	太陽は**やぎ座**
1月21日～2月19日	太陽は**みずがめ座**
2月20日～3月20日	太陽は**うお座**

※基本は上記のようになりますが、年ごとで日にちが前後して変わることがあります。

太陽星座と月星座は重要ですので、下記にあなたの太陽星座と月星座を書き込み、忘れないようにしてください。

あなたの太陽星座は、　　　　　　　　　　　　座

あなたの月星座は、　　　　　　　　　　　　座

はじめに　月によって巧妙に支配されている私たち

月は本当に美しい天体です。日本ではとくに月を愛でる文化があり、月見は古い伝統でもありました。ただ、みなさんは月がごく最近に現れた、きわめて新しい天体であることをご存じでしょうか。

月自体は非常に古い天体らしいのですが、最初から地球を周回していたわけではなく、どこからか訪れて地球の衛星になりました。それは、せいぜい1万5000年前から2万年前くらいのことだった、という考えもあるようです。

地球の50億年の歴史から考えると、つい数日前に突然訪れたお客様が月であったということになります。

では、月が訪れる前の地球はというと、「当時の地球はユートピアであった」との観測があります。2万年前というとすでに人類もいましたので、私たちの祖先は月が地球の衛星になる前と後との変化を体験しており、私たちの遺伝子の中にもその記憶がもしかしたらあるのかもしれません。

くわしくは本文の中で述べますが、月がやってくる前の地球の重力は今の6分の1程度だったようで、海も塩辛いというものではなく、宇宙の情報が詰まった真水でした。それが海となり川となり水蒸気となって私たちを包んでいました。

しかし月からもたらされた大量の水が真水を覆い、私たちを宇宙から隔絶するという大きな変化となったのです。

一瞬にして重力が6倍になるとは、私たちの祖先は、おそらく絶望的な気持ちに襲われたことでしょう。それまでは体の重さを感じることもなく、自由に飛び回れていたのに、あるときから突然、鉛《なまり》の服を着たような動きしかできなくなったのですから。

月は占星術的に見ても、じつはこれまでの解釈と異なる視点が必要であり、言われてきた内容とはかけ離れたものであることを私は突き止めました。それが本書のテーマです。

あなたのこれまでの常識や占星術知識が崩れることになるでしょうが、月の本質を知らずに生きる限り、私たちは自由になることも幸福になることもないのです。

私たちが生まれたとき、月がどの星座にあったかは、占星術では重要な要素です。

人気運や防衛本能は月が示しますので、月が良くないと防衛心が弱く、人気がない人になると占います。現代社会は人気主義のようなところがあるため、月が重要視されるのは当然のことであるかもしれません。

しかし、私は月に違った面を見出し、その重大性を知るにつけ、黙ってはいられなくなりました。

それは具体的に言うと、**月が私たちに本当の能力を与えることはない**という真実です。月は、７歳までに培った（植えつけられた）見せかけの能力を与えるのみで、それ以降は成長がないように人間を縛っている星です。

そしてじつは、**誰もがその罠に陥るようになっている**という、恐ろしい構図があるのです。

月が与える７歳までの能力とは、子どもが大人のまねをしたものであり、自身で考え、判断した能力とは違います。本物ではありません。

しかし「三つ子の魂百まで」と言われるように、子ども時代に培った自分自身に対するイメージは永遠に残ります。変わることはありません。

そして、生涯にわたり自分に対するイメージをそこにつなぎ止めるのが、月の働きなのです。

くり返しになりますが、そのイメージは本物ではありません。つまり、**私たちは例外なく、自分自身に対するイメージや能力について、完璧に誤解している**ことになります。

私はそれに気づいてからずっと、「人間は月によって間違った方向に歩ませられている。本当はもっと幸福になれるし、もっと長く生きられるのに……」との思いでいたのです。

月は7歳以降に発展する能力は与えません。そしてそこに縛りつけたままにするので、月が示すその部分に関して私たちは一生成長できず、7歳の子どものままでいることになります。たとえ人生を通して他の部分が少しずつ成長していっても、月が示す部分は変わることがありません。

さらにはっきり言うと、月が示す能力とはすなわち、**その人に欠損している部分**ということです。

しかし意識の上では、**月のイメージで作られた自分こそ、「本当の自分」であると思い込んでいるので、その能力を自負し、あたかもそれが得意であるかのように思い続けます**。

そのため、月に従って生きてしまい、結果的に**「月並み」**なことしかできない人間を多数生んでしまうのです。

誰にでも、得手不得手はありますので、不得手なものがあっても何も問題はありません。ですが、月は、7歳までの能力しか与えないのに、それを自身のイメージや、得意なものと思い込ませるため、**私たちは自分にないものをあると信じ、自分でない自分を「本当の自分」だと勘違い**します。そして、ほとんどの人はそのことに気づくことなく、その生涯を終えていくことになるのです。

「おかしい、おかしい」と違和感を抱きつつも、私たちは月から離れることができずに生きていくことになるのです。

月は無意識に働きかける天体です。私たちの無意識に忍び寄り、事実を悟られないようにして私たちを誘導しようとします。人類に真実を知らせないようにして、間違った方向に誘導していくのです。

そして残念なことにほとんどの人が、**自分が生まれた意味も、存在する意味もわからないまま、幻想を見て、幻想の中に生きて、幻想のまま死んでいきます**。

輪廻転生の話を信じる人も信じない人もいると思いますが、もし転生があるとしたら、その目的は生きることの本当の意味を知り、二度と地上に生まれる必要のない所へ人類を押し上げることのはずです。

しかし、月がそれを邪魔するのです。邪魔されたままの人生には何の意味もなく、ただ生きて、みなと同じように暮らし、同じように考え、同じように死ぬ。

月は人間の可能性には一切関心を寄せないのです。

あくまでも「他人にどう見られるか、どう受け取られるか、それだけが人生である」という立場を取ります。**見せかけと印象だけが、月が教えることのすべて**です。

もしもこの世が魂の成長や、人の可能性の無限性を披露する場であるなら、月はまさにそのことを隠そうと働いています。

月並みに暮らし、月並みに生き、上から与えられる情報を信じ、テレビや新聞が言うことだけを真実と思い、目先の楽しみを生きがいと錯覚させ、そのむなしさに気づいたときには、私たちは**すでにエネルギーを月にすべて奪われてしまっている**のです。

本書はこれまであなたを縛ってきた、月によるクサビから自由になるための羅針盤です。

月の本質を知ると、必ず楽になります。月に支配されていた文明はもうすぐ終わるはずです。

人間は長い間、月によってエネルギーを奪われ続けてきたのです。その一部始終を本書で確認することができるでしょう。

幾多の聖者、ヨギ、預言者の言葉は、今が月の時代であることを告げていました。月の本当の姿を知ることで、こうした不幸だった時代に私たちは終わりを告げることが可能になります。

あなたを縛っていたもの。

あなたを根本からあなたでないようにさせていたもの。

そうした月のベールを剥がすことで、生きることが本当の喜びであることに私たちは気づいていくようになるでしょう。

マドモアゼル・愛

2021年の初夏

Contents

第2章　月星座があなたに与えないもの——月の12星座解説

第3章　月の支配からの目醒め

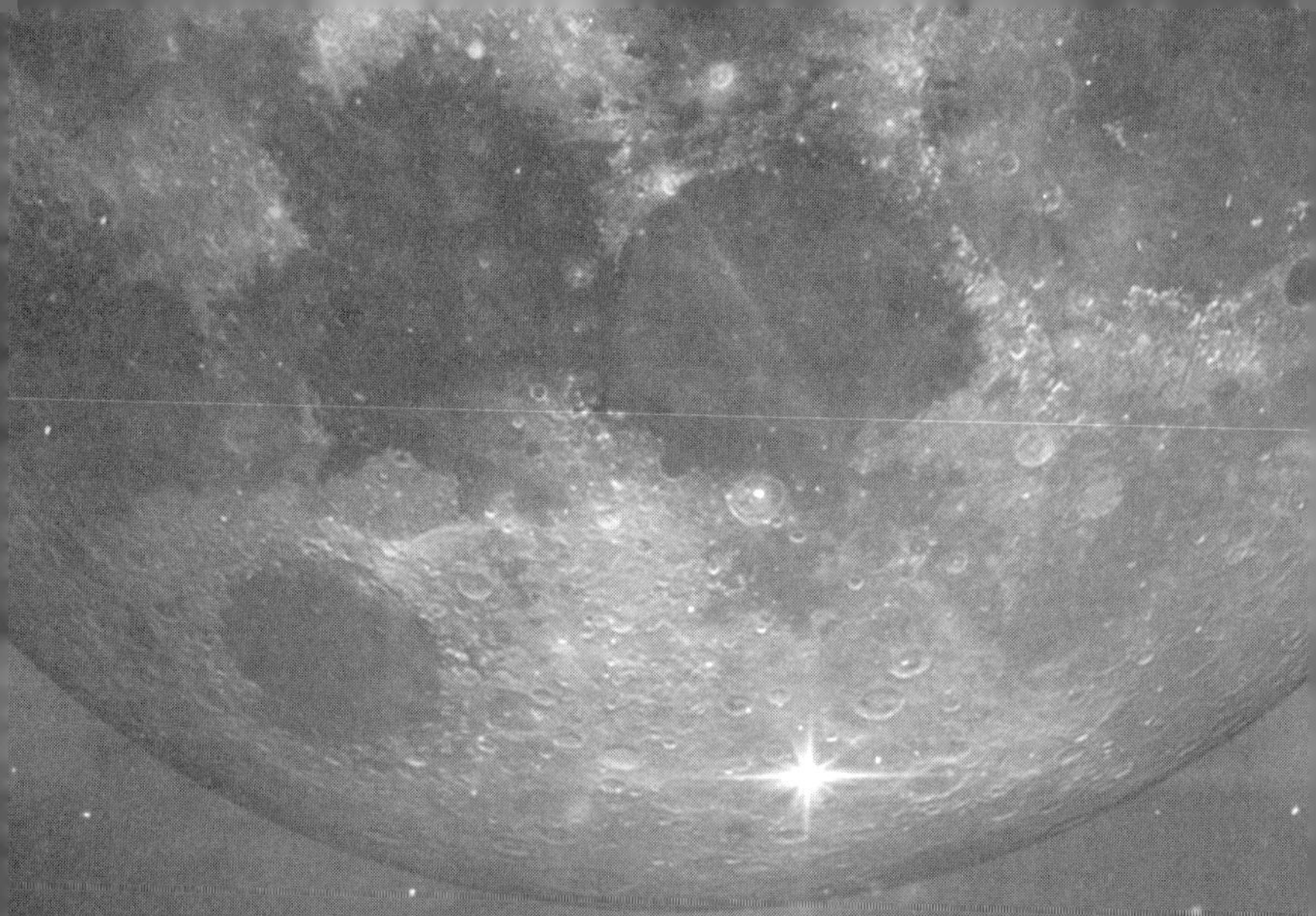

第1章

月の意識と生きる苦しみ

太陽星座と月星座のキーワード

太陽星座と月星座は違うものです。生まれたときに、太陽や月がそれぞれどの星座にあったか、ということであり、どなたもその両方を持っています。

たとえば、太陽がおひつじ座生まれ（3月21日～4月21日）でも、月星座はそれとは別で、みな異なります。私たちには太陽星座と月星座の両方があり、どちらもとても大切なものです。

本書では、太陽と月を対比させて話すケースが非常に多くなりますが、太陽と月、両方の星座のどちらかのことを言っております。読み進めるうちに慣れてくると思いますが、最初は混同しやすいかもしれませんので、太陽星座、月星座とその都度指摘したいと思います。

太陽星座と月星座にはその意味を表すキーワードが与えられています。まずはそのキーワードをご紹介しましょう。

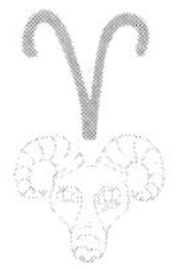

おひつじ座の

太陽　アイアム

「**我、あり**」という意識が強い人になります。

月　アイアムがない

「**我、ありがない**」、本当は自己主張ができない人になります。

おうし座の

太陽　アイハブ

「**我、所有す**」という意識が強い人になります。

月　アイハブがない

「**所有できない**」、お金がない、ということが起こる人になります。

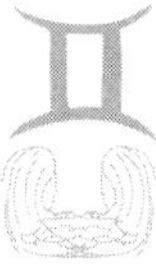

ふたご座の

太陽　アイシンク

「**我、思考す**」という意識が強い人になります。

月　アイシンクがない

「**思考できない**」、本当は頭が悪い人になります。

かに座の

太陽　アイフィール

「**我、感ず**」というように感受性が強い人になります。

月　アイフィールがない

「**感じられない**」、本当は何も感じられない人になります。

しし座の

太陽　**アイウイル**

月　**アイウイルがない**

「我、志す」という意識が強い人になります。

「志が持てない」、目的がすぐに変わる人になります。

おとめ座の

太陽　**アイアナライズ**

月　**アイアナライズがない**

「我、分析す」、分析的できれい好きな人になります。

「分析できない」、現実に対処できないで汚れやすい人になります。

てんびん座の

太陽　**アイバランス**

月　**アイバランスがない**

「我、測る」バランスが取れる人になります。

「バランスが取れない」、いつも一方的な人になります。

さそり座の

太陽　**アイディザイアー**

月　**アイディザイアーがない**

「我、欲す」、強い欲求を持つ人になります。

「欲しいものがわからない」、強い衝動がない、大人の感情を持てない人になります。

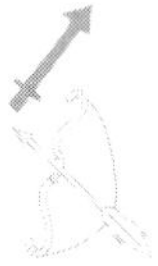

いて座の

太陽　アイアンダスタンド

月　アイアンダスタンドがない

「我、理解す」、理解力のある人になります。

「理解できない」、物事を理解できない人になります。

やぎ座の

太陽　アイユース

月　アイユースがない

「我、使役する」、自分を社会に役立てる人になります。

「自身の使い方がわからない」、自分で自分を役立てることができない人になります。

みずがめ座の

太陽　アイノウ

月　アイノウがない

「我、知る」、何が本当かをよく知る人になります。

「何も知ることができない」、大切なことを知らないままで生きる人になります。

うお座の

太陽　アイビリーブ

月　アイビリーブがない

「我、信ずる」、純粋に何かを信じられる人になります。

「信じることができない」、本当は何も信じていない人になります。

月が人生の第一フィルター

月を理解することは、生きる上での潜在的な障害を取り除くことになります。また、月を理解することで生きることが楽になる人も多いと思います。

私たちは生まれたときから、常に月を第一フィルターにして世界を眺めますので、子ども時代から続くそうした態度はやがて強固な習慣となり、月を通した世界が当たり前のように思っています。

しかし実態は太陽星座ですので、そこに認識の錯誤が生じ、私たちは月星座が与えるイメージに翻弄されるようになります。

人間関係の悩みや精神の悩み、病気や疾患が月と密接に関連しているのはその通りで、月の影響を「ルナティック」と言いますが、月の影響が強すぎると、ついには狂気に至る場合もあるのです。

月は7歳頃までの私たちが眺めた世界の印象です。私たちの最初の世界観は月に

よって作られます。７歳未満と言えばまだ子ども時代ですので、その世界観で見た外界の印象は、単純で幼稚で物語性に富み、現実離れしています。

私たちは子ども時代を思い出してみたとき、時折、懐かしさと同時にどうにもならない郷愁や、ときには思い出すのがつらいような気持ちになる場合があります。

『ALWAYS 三丁目の夕日』という映画がありましたが、あの映画には昔の東京に生きた人たちが元気よく登場する一方で、不思議な郷愁とやるせない気持ちが混じったセピア色の思いを起こさせます。

幼少期の思い出は月を通して眺めた印象なので、７歳未満という無力でありながらも感受性が豊かだった、受け身の思い出なのです。人にはきっとそれぞれの三丁目の夕日があるはずです。

懐かしいが、同時に思い出すと切なくなり、苦しい思い出。セピア色のそうした思い出は、月が授けたものです。私たちは、人生をそこからスタートさせています。

７歳以降は、いくつになっても外界に接する私たちの感受性の窓は、常に月がはじめなのです。

どんな理不尽もどんな逆境も、ただ黙ってそれを見つめているより他なかった子ども時代の思いが、月の郷愁であり、印象のやるせない残酷さでもあります。人は他に目を向けるものが何もないとき、いつでもこのスタート地点の印象に戻ることができますし、また、戻ってしまいます。

逆に他に目を向けるものがあるときとは、月以外の衝動によって物事を意識する状況で、通常は太陽のことを言います。

太陽は自分のしっかりした意識ですから、完全に受け身だった月の印象とは違い、目的もあるし、そこには目的に向かうエネルギーもあります。太陽の意識に従って行ったことは、やがて成功していき、私たちの自信につながります。

ですが、**月のイメージに従った行動はそのほとんどが失敗に終わる**のです。

月は現実にエネルギーを注いでくれる星ではなく、受け身の幻影をもたらします。人は生まれたのち、なんらかの方法で外界を理解する必要が出てきます。

家から一歩外に出た子は、家に戻らねば死んでしまいますので、家と外というわかりやすい世界観がまず必要になります。

外に出れば、いろいろなものと出会いますので、出会ったものが自分を害するか、良くしてくれるかの選択が重要になります。

月の世界観は、まだ子どもだった私たちが、外界に出た際に必要とする、外の世界の理解を急いで作る時代にできたものです。

怖いものは避け、やさしそうなところならニコニコしてそこで遊ぶ。

こうして安全か危ないかを判断できるようになれば、いろいろな場所にも行けるようになったり、いろいろな人とも話したりすることができるようになっていくわけです。

7歳未満の子どもだった私たちが見た世界、その印象が月です。そして私たちは、その月の印象を死ぬまで、外界を認識するフィルターとして使い続けることになるのです。

太陽意識と月意識

先ほどお伝えしたように、7歳までの子どもが作った世界観は幼稚で矛盾に満ち、完全に受け身です。

しかし、私たちは7歳以降もその印象をずっと持ち続け、外界に触れる際には、常にそれを第一フィルターとして機能させ続けます。

ですから、月を理解しないと、私たちは7歳の子どもの世界観から抜けることができず、受け身で防衛的にしかこの世に接することができなくなります。

7歳と言えば、それなりに何でもできる年齢ではあります。ある程度のことは確かにできるために、「月こそ自分だ」という幻影から、私たちはなかなか覚めることができないのです。しかし、その能力は、それ以上絶対に成長しません。

月で生きるということは成長もなく、生まれてきた意味が持てなくなります。だからこそ、次に太陽意識の獲得によって、自分自身の生き方や個性を輝かせる時代がもたらされるのです。

太陽意識は個や自分自身が強く意識したものとなります。

本当に好きなことや本当のやりがいは、太陽意識からしか訪れません。ただし、太陽意識は月意識が完全に受け身で培われたのと違い、自身で獲得しなければならないものです。太陽は実態であり本質を持っている星です。一方、**月は偽りであり、太陽をまねする星**なのです。

人は太陽を自分だと思うことができればどこまでも成長できますが、月が自分だと思っていると成長できず、精神的・魂レベルは、7歳のままのむなしい人生になります。

太陽意識は強烈なので自身の個性といずれはつながりますが、月の個性もあたかも本当の自分のように感じられます。さらに月は無意識化しやすいので、その影響は太陽よりも強くはなりませんが、常に潜在的に働き続けます。

そうした月の強固な習慣性は、あたかも月のイメージが自分の個性や真の人間性であるかのように振る舞うのです。

たとえば、ガレージから出た車は、どこに行くのも最初は自宅前の道を通るしか方法はありません。それと同様に、人生で何をするにも、私たちは月を通してまず世界を見るところから始める以外はないのです。

子ども時代にイメージした自分自身のイメージは、あなたが生まれたときの月の星座に現れます。

月の星座が示すものは、本当の自分の姿ではなく、自分が自分に抱いたイメージでしかないのですが、そのイメージは強固に習慣化されているため、自分は月の星座が示すような人間であると感じるようになっていきます。

とくに太陽意識の獲得が遅れていると、成長したあとも月が自分のイメージであると思いがちです。

たとえ太陽意識を獲得したとしても、日常の中で太陽意識が隠れているとき、たとえば失意のときや未来をあきらめたとき、さらに親の影響、とくに母の磁力から抜け出せなくなっているようなときがあると思います。そんなときには、月のイメージは拡大視され、私たちは7歳未満の子ども時代と同じ意識で外界と自分を眺めるしかなくなります。無力感をともないつつ。

月が思わせたい自分のイメージ、それは嘘の自分です。ですから、それを追いかけるとどうにもならないストレスと徒労感に追われていきます。月は私たちのエネルギーを奪うように働くのです。

このことを知っていれば、月に惑わされることなく自身の道を見つけることができます。少なくとも楽になれます。間違った自分のイメージで振りまわされることも無くなります。

太陽と月の違いが何となくわかったでしょうか。

まとめますと、太陽星座は本物の才能や能力を示すのに対し、月星座は、反対に、ないものを表すわけです。ないにもかかわらず、自分では「ある」と思っているので、そのために私たちは月で人生を狂わせていくことになるわけです。

月を知るためには、太陽を同時に理解しておく必要があるのはそのためです。月はあなたにないもの、欠損を表す天体なのです。

月は幻想の星である

月はどうにもならないときだけ戻る、思い出にふける一時的な心のリゾートとしては良いのですが、月のリゾートに何泊もしたような場合は、ルナティックの世界に足を運び入れることになるでしょう。

人生を終えようとしているとき、月のリゾートは必要な場合もあります。

「現実世界にはもう親しい人もいない……」「親しかった人はみんな死んでしまっている……」「この世でとくにやり残したこともない……」

人はそんなときに人生の出発点であった月に戻り、最期のときを迎えることもあると思います。

月は幻想であり、事実に立脚したイメージは持ちません。子ども時代に見た外界から受けた印象による自身と世界のイメージなのです。

人が死にゆくとき、最後の最後にすべてが幻であるとの思いを乗せてくれる船が月で、その際には確かに月は重要な役割を果たします。この世が幻影の世界であり、うつし世であるとの認識は、月の幻影性を理解した上では重要な働きとなるからです。

月はあの世とこの世を結ぶ「渡し船」です。

月はこの世が幻影であることを教える星であり、そのことを気づかせるために働き続けます。月を理解することは人生の意味を悟ることに直結する道です。

私たちは月の元に生まれ、月で還るのです。

この世のすべてが幻であるなら、生まれてくる際に幻影からスタートすることは、何もおかしなことではありません。

あくまでも月は幻影世界であるこの世への渡し船であって、私たちが戻る本当の世

界はじつは月ではありません。太陽意識の世界に戻らなければならないのですが、多くの人は月の世界に戻ってしまいます。

この世は幻影ですが、戻る太陽意識の世界こそが実態であるという哲学は普遍です。それが太陽意識の獲得であり、私たちは太陽意識の獲得によってのみ、人生の目的を達することができると考えるのが占星術です。

月を卒業し、真の個性化の道へ

月は幻想の星であるゆえに、この世が幻想であることを教えるありがたい星とも言えます。月こそ連綿と続く輪廻転生の主役であり、この世の受け継ぎとして重要なのです。

ですが、やはり私たちの永遠意識は輪廻から脱することを目的としていますので、月にだまされ続けてはいけないのです。月は、月を卒業してもらうために、月であり続けています。

月を通して感じる自分は、本当の自分ではありません。
月を通して見る世界は、本当の世界ではありません。
月の影響で行うことは、ほとんど現実になりません。

月の衝動によって何かをやろうとしても、それを実行し、現実にするための能力は私たちにはありません。月には目的を実行する力がないので、試みは徒労に終わることになります。

月のイメージで自分の仕事を探しても、疲れて終わります。それでも無理をし続けるとルナティックにかかります。

月は私たちにすべてが幻想であることを教えているのです。とはいっても、子ども時代に培った月のイメージを捨て去ることもできません。月は変えられない自身のイメージであり、決して達成されることのない自身を示しているのですから。

月による感情の支配は生涯続きますが、変えられない月の与えた個性からは何も生まれないことを承知の上で、それをキャラクターとして受け入れます。そしてそれとは別に自身の本物の人生を探していくとき、私たちは人間としての生きる幅が広がるのだということを意識しましょう。

こうした複層の思いをもって月を眺めるとき、私たちは真の個性化への道に入ることができます。

月は本当にはいない母を求めさせ、本当にはいない自分を求めさせ、本当にはない世界の住人であるかのように私たちを振る舞わせます。それを真に受けたらルナティックと死が訪れることにもなりますが、月が幻影であることを知り、その要素を受け入れていけば、人生は味わい深いものとなるでしょう。

裏切りの恋人による「愛している」という言葉が嘘だとわかっても、嘘と知りつつ愛を深めることとさえ人生の選択肢にはあります。そのとき私たちは、「嘘つき」と発狂することもできますし、「うれしいよ」と嘘を受け入れることもできるのです。

嘘を受け入れもして相手を肯定できる人生のすごさは、月なしでは考えられないものです。

月を月と知りつつこの世を味わう楽しさがなければ、この世に意味はありません。

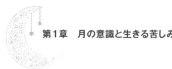

ただそれも、太陽あってのことで、太陽の人生の絶対肯定なくして、月を味わう余裕は私たちにはないでしょう。

月と太陽の12星座談義

月星座で表す自分は常に「偽りの自分」であり、太陽星座で表す自分は「本物の自分」である、という関係になっています。

そこで簡単に、同じ星座の月と太陽を見比べてみましょう。


月がおひつじ座なら、すぐに怒ります。怒る状況にすぐに反応するからです。

そして怒ったあとに自己嫌悪に陥ることが多くなります。

太陽がおひつじ座なら、怒ればむしろ元気が出てやる気になります。怒ることで自己嫌悪に陥ることはありません。


月がおうし座なら、豊かさやぜいたくな物や状況に敏感に反応します。自分がお金持ちであるとのイメージで自分を守りたいのです。

太陽がおうし座なら、ただお金を得たいし、そうなりやすいものです。しかし月がおうし座の人がどんなにお金持ちでありたいと思っても、そうはなりません。

月がふたご座なら、世間の人が知らない情報をいち早く得て、人に教えたくなります。いろいろな情報にもすぐに反応しますが、あまりうまくは伝えられません。

太陽がふたご座なら、そうした行為は本当の喜びになります。ですから、語る際の迫力が月ふたご座と太陽ふたご座とでは違います。


月がかに座なら、やさしいお母さんのように自分を見せたくなります。やさしそうに見えても本当のやさしさとは違います。子どもの気持ちを正しくとらえる能力もありません。

太陽がかに座なら、何も考えずにそうしていますし、語らないうちから子どもの気持ちに沿うようにしてあげられます。

月がしし座なら、自分がいかに大物であるか知ってもらいたいので、自分のイメージにこだわりますが、いざとなると自信が揺らぎます。

太陽がしし座なら、本当に自分を大物だと思えます。思いたいのと、実際に思うこととの違いは大きいので、月しし座の人は太陽しし座の人に会うとしょんぼりしてしまう傾向があります。自分のインチキさを刺激されるためです。

月がおとめ座なら、自分が清潔できれい好きだと思いたいのです。

しかし、いつもその人の周囲は汚れていますし、服には食べかすやシミがついていたりします。

太陽がおとめ座なら、何も考えずに当たり前に清潔にしていられます。

月がてんびん座なら、自分は公平でそつがないというイメージを持ちたいのです。

でも実際には公平であったことなどありません。考えもやることも一方的でいつも傾いています。

おしゃれであると思いたいけれど、どうおしゃれしていいかがわかりません。

太陽がてんびん座なら、当たり前のように公平な考えを持ち、生活でもバランスを重視します。おしゃれも自然でセンスがとても良いです。

月がさそり座なら、自分は思慮深く、真実を追究し、本物が何かを知っていると思ったりしますが、だまされやすかったりします。追究しても答えに行き当たりません。また自分はセクシーだと思っていますが、さりとて本当には自信はありません。太陽がさそり座なら、直観は優れて真実を見つけますし、とてもセクシーです。

月がいて座なら、自分はこだわらない人物で社会正義を求めるような人間だと思っており、人間的に立派に見せようとします。しかし、本当に立派なことはしません。あくまで見せかけだけが大切な人です。太陽がいて座なら、たとえ損しても正しいことだと思えば社会正義に従いますし、人格的にも優れた面があります。

月がやぎ座なら、社会の仕組みの中で自分を生かして仕事をしたいと思いますが、なぜか実行できません。なぜなら仕事をしたり社会に出たりすることが本当は怖いのです。

太陽がやぎ座なら、社会生活には活動的で、仕事にも励みます。月やぎ座は夢物語で立身出世を考えますが、太陽のやぎ座がそう思えば、実行に移します。時間がかかっても成功していきます。

月がみずがめ座なら、自分を個性的で天才的な人物だと思いたいのです。ユニークで風変わりなことをしたり言ったりします。

しかし、あまり中身がありません。それを見透かされたり、一般人のように思われたりすることを恐れます。

太陽がみずがめ座なら、とくに風変わりなことをしなくても、常にユニークな話し手としての存在であり続けます。自分ではそのように思ってもいないのに、周囲からは変わり者や天才と思われます。

月がうお座なら、やさしく犠牲的で同情心があるというイメージを自身に抱きますが、本当はそうではありません。最後にはきっと周囲を裏切ることでしょう。感傷的な言動はしても、本人は心から何かに酔うことはできません。

太陽がうお座なら、本物の同情心のあるシンデレラのような人になることもありますし、何かと一体となって自分を忘れて感動に浸ることができます。


12星座の月について簡単に太陽と比較してご紹介しました。

月は太陽と異なり、本質的に偽りなのです。太陽は本物を持ち、月は嘘なのです。そして人は嘘を自分と思い、振りまわされて一生を送ることになります。月は周囲を欺き、何より自分自身を欺いているのです。

月のキーワード「反射・吸収・死」

ここから、占星術の世界で月が意味するキーワードについてみていきましょう。

月が示すキーワードは「反射・吸収・死」の3つです。このキーワードは昔から一貫して月に与えられたもので、占星術師であればこの月のキーワードについては知っています。

しかし、私たちには「空に浮かぶ天体が人間に悪いものを与えるはずがない」という思い込みがあり、月の本当の正体を知る人は占星術界でもいませんでしたが、この星は怖い星だったのです。

私が勝手にうがった見方をしているわけではありません。大昔から言われているところの月のキーワードの、その本当の意味に私は気づいただけなのです。

月が示すキーワードの「反射」は、まさに太陽の光を反射する意味です。

月の反射は、人体にも反射機能を与えてくれます。考えや意識が入らない単純な反応として、反射する人間を作る星が月です。

「最近の若い人は、何も考えずにただ反応だけで動いている」と言われますが、それは月の影響が強い時代だからです。

私たちが何かに反射・反応するとき、そこに深い考えや思いはありません。生物としての反応や生命反応として、私たちを危険なものから反射的に守ろうとする、きわめて防衛的な働きをする力は月が人に与えます。それは私たちを、危険から守ってくれる働きとなりますので、月は長い間、私たちの身を守ってくれる良い星であると思われてきたわけです。

このように本能的な反射力をもたらす月ですが、それは過度の防衛心を育て、敵と味方を分け、外界を恐れる防衛的生活を私たちに強います。その結果、さまざまなトラブルと争いを生み出す原因になります。

可能性への挑戦が太陽の方向であるのに対し、危険からの逃避と忌避を月が担当しているのです。

そのため、月の力が強くなると、人はこの世を怖いものばかりと思うようになり、防衛一方の人生を送ることになります。何ひとつ挑戦するものもなく、価値のない生涯へと私たちを招き入れます。そして多くの人がそれに従ってしまうのです。

次のキーワード、「吸収」にはどういう意味があるでしょうか。

太陽は大地を温め、私たちにも熱を与えてくれます。太陽が出ている昼にはすべてのものが熱を得て気持ち良くいられます。

しかし夜になって太陽が隠れると辺りは冷えてきます。陽が沈み、月が支配する時間になるためです。

月のキーワードである「吸収」は、熱を奪う、すなわち太陽がもたらしてくれたエネルギーを月が吸収して奪うということです。実際に月光には空気や周囲を冷やす働きがあることが物理的にもわかっています。

太陽の熱やエネルギーを奪う星が月です。昔からあった、月のキーワードである吸収は、太陽や私たちからエネルギーを奪う働きを意味していたのです。

そして最後のキーワードは「死」です。

太陽が与えたエネルギーを奪い、自分でそれを吸収していく月。しかしエネルギーを奪われた者は「死」を迎えることになります。

老人になり、意識的な行為が少なくなると、私たちはただぼーっとテレビを見続けるなど、月の無意識が忍び込みやすくなります。月は私たちのエネルギーを奪いますので、あっという間に老人はエネルギーを失い、月は死の世界へ私たちを運ぶことになるわけです。そしてこれは、何も老人に限ったことではありません。

月の影響は何らかの意識が働いているときには隠れていますので、意識的に活動している際には月が私たちからエネルギーを奪い取ることはできません。無意識で何の行動も起こせなくなったときに月が忍び込むのです。

だから、どんなに若くても、無意識的に無感動に日々を送れば、月によって私たちはエネルギーを奪われていきます。その結果、さまざまな悲しい出来事が起きてくるわけです。

人が生きる目的は太陽を獲得することにある

占星術では人が生きる目的は太陽を獲得することにある、と考えます。

太陽を獲得するとは、太陽が求める自己実現や、自分が自分として生きる充足感こそが重要であるととらえることです。自分の能力を最大限に引き出し、経験と体験の世界に乗り出していくことが大切であると考えるわけです。

それが太陽主体の生き方です。


一方、月は違います。

「そんなことしても、危険だよ」「危ないよ」「食べられなくなるよ」「みんなと同じ生き方をしたほうがいいよ」と、常に私たちを一般論や常識の世界へ引き戻す働きをします。

そして月のやり方は、必ず、私たちの不安をついてきて、一見安全な方向に私たちを手招きする形となり、その結果、**手ごたえがなく、発展のない生涯へ落とし込むことを目的としている**のです。

人生の目的は自己実現にあり、セルフの獲得と言ってもいいのですが、それは太陽の元気と挑戦力がもたらすものです。

それができないでいるとき、無意識に浸透してくる月に私たちの心はとらえられます。その結果、後ろ向きで心配ばかりの生き方となり、満たされなさの代償として、社会的な評判や見栄、出世や権力、金力など、形だけを求める生き方になりがちなのです。

自分が輝くことをあきらめた人は、その代替として、輝いているように見せることばかりに関心が向かいます。見栄と作り物、コピー、まねごとの多い今の世界は、まさに月の文明であると言えるでしょう。その中でどんなに動きまわっても、どこかむなしく、1日が終わる頃には疲れ果てるばかりの現代の生活をもたらしています。

人間の危機も社会の危機も、すべての根源には、この月の存在があるように思えます。

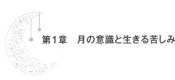

新月の不思議

以前、新月の日に化粧品を作ったことがありますが、あのアイデアは本当にすばらしいものでした。新月に作られた化粧品には、通常では得られないすばらしい特長がありました。

占星術では新月は吉兆の印象が強いのですが、それはこれから月が増えていくので良いととらえる考え方からでした。ですが実際はそうではなく、月が不吉で、月の影響を新月はあまり受けないため、宇宙の生成力が邪魔されずに発揮される、ということだったのかもしれません。

京都の眞名井《まない》地方には、「新月の日に切った竹は1000年間もつ」との言い伝えがあるそうです。他の日に切った竹はすぐに腐るが、新月の竹には永遠性があるというわけです。これも月の影響がない日は安全な日であると、昔の人は体験上知っていたのでしょう。

新月の日は、月にエネルギーを奪われずにいられた日だったのです。もちろん、今でも同じです。逆に満月には事故が多いという話や、凶悪な事件が多くなると聞いたこともあります。それも無関係ではないでしょう。

占星術で言われている月の能力

月が持つ能力は基本的に模倣しかありません。まねをする能力は月が私たちに与えてくれた才能です。しかしそれがメインなので月をいくら生かしても、模倣しかできず、「月並み」以上のものを成すことはできないのです。

月が重要であることは確かですし、実際に占星術の世界でも月は重視され、月を生かせば良い人生を送れるとまで言う占い師が多くいます。

月がある星座はその星座の才能があるとか、適職判断にも使えるとか言いますが、

それはまったくの誤解です。月の衝動に従って生きていくと、私生活で苦痛を感じる程度のことですが、月星座が才能を示していると勘違いすると、社会生活での発展は望めなくなります。

月は太陽の光を反射して光りますので、その光はイミテーションです。本物の光でない反射の光を本物だと勘違いしているのが月です。悪魔が神になりたがるように、月も太陽になりたくて仕方がない星なのです。

月は太陽のまねをし、コピーする力は確かにありますが、それでは月並みで人生を終えます。多くの人は出生時の自分の月星座が示すものを能力だと勘違いしてしまうため、コピー程度のことしかできず、月並みな生き方、月並みな生涯で終えていくことになります。

「月並みで何が悪い」といった考えもあるかもしれませんが、まねごとしかできないために自身の運命に人は満足できず、何度も生まれ変わってくるのかもしれません。

幸福に生きるためには、私たちは太陽意識を獲得することが重要となります。

月の影響が強い人生は、太陽の反射光による仮の人生です。太陽意識による生涯は自己実現であり、光そのものの存在となるため、もう二度とこの世に生まれてくる必要がなくなります。輪廻と月は決定的な関係にあります。

自己実現が人間の最終目標であるというのは、そういうことなのです。月は過去であり、月は感情であり、保守であり、偽りであり、死の星です。

よって月の衝動で生きれば生きるほど、私たちは苦しくなります。

このことを分かっている占星術師はまだいません。しかし、一度自分の月星座の影響がわかれば、それは確信に変わります。

近年、大勢の人が私の月理論を熱烈に支持してくださっています。月の影響力は強制的で、万にひとつもはずれることはありません。それを伝えるのが本書の目的です。

月と幼少期の私たち

月はとくに幼少期の私たちに影響を与えた星です。私たちは月により最初の世界観を持ちます。それはおままごとのような、子ども時代の世界の情景でもあります。

子ども心に眺めた世界は、自身の手によって作られた世界ではありません。それは母親の保護と重なる時代であるため、私たちは母の存在を通して最初の世界を眺めることになります。

月の12星座の分類は、私たちが子ども時代に見たおままごとの世界を、今なお、月を通して眺めているのに近いのです。それは子ども時代に母親の保護を受けていた安心感と密接につながるため、強固で決して捨てられないイメージとして私たちの心に残ります。

以来、私たちは常に、最初は月の印象によってどんなものでも体験しようとすることになります。平たく言うと、私たちはいくつになっても、月のフィルターを通すことで、外界を見ていることになるわけです。

それは、どんなに成長したのちでも変わりません。

ですから月から受けた子ども時代に培った世界の印象を、根本的に変えることはできません。ただ月の印象をどの程度受け止め、受け入れるかがその後の成長過程や心の発達と関係してきます。

さらに**太陽意識の獲得がもっとも大きく人を成長させるので、太陽意識が芽生えることにより、月の印象世界はその存在が小さくなります。太陽に対して月は基本的に勝てません。**

太陽意識の芽生えにより、生きがいや生きる目標や目的を獲得していく私たち。しかし、太陽意識の獲得がおざなりな場合、いつまでも月の印象に頼るしかなくなります。

また、成長し、太陽意識がその人生の大部分を占めたとしても、やはり第一のフィルターである月の印象は変わらずに存在し、どんな場合でも、最初は月が眺める形で物事は始まっていくのです。

水星、金星といった他の惑星意識、とくに太陽星座の成長度合いが貧しいようなら、その分、月の印象のウエイトが大きくなり、月の反応がその人を支配することになります。

昨今の「人気取り社会」は、まさに月の印象による時代のありようを示していますので、幼稚な段階から私たちの社会はなかなか脱出することができないでいます。

このことをしっかり理解しない限り、私たちは月の印象を払しょくすることはできず、月の印象だけの、月に反応するだけの人生となり、自身の人生を失っていきます。

月が自分自身であると思うことは、このように危険なことなのです。それではいくつになっても、悪い意味で子どものような生き方しかできないことを示します。

それでもおままごとが楽しければいいのですが、月を楽しむことはむずかしいのです。

月は自立できない時代の防衛心を根拠にした影響ですので、不安と表裏一体の関係にあります。こうしたい、ああしたい、と月が思っても、まねごとしかできませんので、周囲に多少はウケるものの、本人の本当の楽しみとはなりません。

たとえば、ヒットした曲を何十年も歌い続ける歌手は、たいていの場合、歌い方をリリース時とは変えて歌うようになります。

なぜなら、何千、何万回も同じように歌うことが嫌になるためです。反復には心や魂は入りづらくなり、そこに創造性はありません。

月を使って生きるということは、何万回も同じ歌を歌う歌手として生きていくよう

なものです。

月の最高位置である「おうし座」

月の最高位置はおうし座です。最高位置とは、月はおうし座にいるとき、最大の長所を表すという考えです。

確かにおうし座に月がある人はおおらかで人気者です。しかしその場合ですら、本人はおうし座的な物事を芯から楽しむことはできません。

おうし座のキーワードは所有です。お金を豊かに持って、五感を満たし、いい家に住み、おいしいものを食べたい、いい音楽を聴きたいと願う星座がおうし座です。

月おうし座も、豊かで気持ちがいい環境でゆっくりと流れる時間を楽しみたいと、確かにそう思います。

しかし、それができるのは太陽おうし座の場合であり、月おうし座はそれを求めつつもできないのです。

できるのと、そうしたいと思うのでは違いがあります。月はあくまでそう思いたい、そう思われたいという星であり、それができる星ではないのです。

おうし座は所有という具体的で物質的な意味を持つ星座です。だから、太陽おうし座は確かにお金に縁がある生まれとなりますが、月おうし座にはそれがないので、ほとんどの場合でお金に満たされない運命となります。

月おうし座の人はお金を求めても大体はうまくいきません。「だから月おうし座の人はお金持ちになれないのか……」ということになってしまいますが、月にこだわっているうちはその通りだと言えます。

月には心理的なことだけでなく、物理的な運命まで決定していく力があるのです。

ゆっくり音楽を聴いておいしいお菓子を食べてくつろぎたい、と思うのが月おうし座ですが、月の心理の根底には、防衛心があるため、それは理想のおままごととしての目的となります。

そのため、おままごとの世界としての、「ああ、くつろいだ。お茶もおいしかったしな……」という演技としての満足に終わります。

実際にはそれをする力や楽しむ力が月にはありません。ですから、豊かなくつろぎタイムを持ちたいと思いつつ、本当には持てない自分に傷つきます。


月おうし座の話が長くなってしまいましたが、ひとつの例としてあげました。

月おうし座という、月にとって最高位置である場合ですら、こうしたことが起こります

月はどの星座にあっても、本人を傷つけるようにしか働きません。月は求めるものを、現実にする力はありません。おままごとはできても、現実の場面においては、月並みで終えることばかりとなります。

しかし、月は自身のイメージを作ってしまい、それを一生続けますので、月が与える自分像を本当の自分だと思えば思うほど、人は実人生でつまずき、失敗し、すべてがうまくいかずに傷つくことになります。

悲劇の経営者カルロス・ゴーン

月おうし座の話が出ましたので、それについてわかりやすい一例をご紹介したいと思います。

彼の名前はカルロス・ゴーン（1954年3月9日生まれ　月おうし座）。ブラジル出身の天才経営者です。

彼の半生は非常に波乱に富んでいます。父であったジョルジ・ゴーンはレバノンで育ち、神父殺害犯のひとりとして死刑判決を受け、のちに禁固15年に変更されて出所したもの、出所後すぐに今度は偽札製造の罪で逮捕されたという人物です。

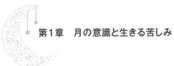

1975年、レバノンの内戦の混乱に乗じてブラジルへ移住しますが、生い立ちからして彼の犯罪性と、波乱に満ちたスタートが予見されるようです。

頭脳明晰であったカルロス・ゴーンは、パリ国立高等鉱業学校を卒業後1978年に欧州最大のタイヤメーカーであるミシュラン社に入社します。すぐに工場長となり、研究開発のヘッドを経て1985年、わずか30歳にして南米ミシュランの最高執行責任者（COO）に任命されるという異例の出世を遂げます。

経営状況が悪かった南米ミシュランを黒字に立て直し、次に北米事業部のCOOに選ばれ、すぐに最高経営責任者（CEO）へと昇りつめるのです。

1996年には経営に行き詰まっていたルノーからのヘッドハンティングを受け、ルノーの役職に就きます。

そしてルノーの役職に就いたまま、日産のCOOにも就任。日本に居を移してからは、ご存じの活躍ぶりとなっていくわけです。

傾いた事業をまるで魔術師のように立て直していくゴーン流はもてはやされましたが、そこには徹底した合理化の非情が見られたことも事実です。

2016年の5月に再婚したゴーンは自身の誕生日会も兼ねてその披露宴をなんとベルサイユ宮殿の大トリアノンにて挙行。まさにわが世の春の振る舞いでしたが、そこをピークにして彼の運命の転落は始まります。

会社による支出で東京とアムステルダムに豪華な社宅を借り、パリ、ベイルート、リオデジャネイロ、そしてニューヨークにそれぞれ豪邸を持ち、絶大な富を誇示したゴーンでしたが、２０１８年に金融商品取引法違反で東京地検により逮捕。日産と三菱自動車の会長職を退任。

翌２０１９年1月には会社法違反（特別背任罪）で追起訴され、4月には日産取締役も解任されることになります。

彼の出生時の月はおうし座にありました。月おうし座は所有できないという欠損を意味し、お金を持てない、不動産を持てない、そうした運命に陥ることを暗示していました。

ゴーンの場合は卓越した才能及び、きわめて不安定だった生い立ちからくる、特別ともいえるハングリー精神によって、非情さや冷たい合理性による事業運営で一世を風《ふう》靡《び》し、豪華な住居を6軒、莫大な資産も築きました。そこまでは月おうし座とはまったく異なる大発展を遂げたわけです。

しかし、日産を追われ、ルノーも追われることとなり、獄中の人となった彼は、15

億円の保釈金を積んで保釈された後、ベイルートへと脱出することになります。

もちろん不法出国ですので、日本と友好関係のある国には行けない状態です。

ニューヨーク、パリ、それぞれに所有しているすべての家も、もう彼は使うことができなくなりました。

不動産に対する異様なまでの欲求は月おうし座の願いでもありましたが、欠損の運命は皮肉にも正確に実行されたことになります。不思議なのは、最後に残された唯一自分が使える不動産であった脱出先のベイルートの家は、その後、港の大爆発の影響により、命は助かったものの崩壊します。

どの都市の家もあっても行くことはできないうえ、唯一残ったベイルートの家は崩壊し、**月おうし座の不動産の欠損は正しく行われた**ことになります。


おうし座は金融や財政、平たく言えば財産を暗示する星座でもあります。

月おうし座はお金を人一倍求め、「物質的に豊かになりたい」という欲求は強いものです。

ゴーンの場合も、ハングリー精神があり、何をしても豊かになるとの思いは強く、非情なビジネス方針を通して成功してきたわけです。その中で蓄財は当然成したはずです。

しかし大企業のＣＥＯともあろう者が、小細工を弄《ろう》する形で蓄財をしていたことも判明してきました。彼の周辺にはさまざまな不正があり、自分の懐《ふところ》を増やしていくことが目的であったように思えます。

保釈で15億、さらに国外脱出費用に22億円がかかったと言います。おそらく彼の犯罪性はベイルートでもゆすられたり、また身分保障のために莫大な金額を費やしているのではないかの憶測が立ちます。

さらに今後の賠償請求が予想されるわけで、日産やルノー、三菱自動車のイメージ棄損の請求を受けたら、どんなに蓄財した財産もマイナスに至ることは明白です。

家を失い、財も失うゴーン。まさかということを本当に起こすのが月であり、せめてゴーンが自身の月について知っていたなら、もっと違った人生が開けたかと思うと残念な気持ちになります。

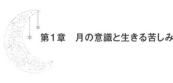

月おうし座が示すキーワードの欠損は物質面でのものであり、まさに月に翻弄された半生を見たことになります。

月と母親との関係

月は現実とは異なる、死の星であり、イミテーションの力で実体のないものを大きく感じさせる天体と言えます。これは、月が示す年齢域と深い関係にあるからです。

占星術では、惑星ごとにその影響が強く表れる時期があると考えます。

月が示す年齢域は0～7歳の幼少期です。ひとりでは生きられない、保護の中で生きる年齢と月は関係します。基本的には子どもの世話をする母との関係を月が表すとも言えます。

自分が何者なのかは、25歳から34歳の太陽の年齢域で最終的にはつかみますが、太陽の獲得には個人差があります。

独立起業などをして生きていく人は、太陽の力を使うことになりますが、結婚によって太陽を夫にゆだねる女性もいますし、就職によって会社を太陽にする男性も多いわけです。

これに対して、月の年齢域では、母なくして生きていけない齢ですので、月の影響は絶対的です。自分が何者かもわからないとき、すべてを教えてくれたのは主に母親です。**月がもたらすところの自分像も、母を通して教えられたものだった**わけです。

母にはそうした考えや思いはありませんが、母との関係の中で培われ、母がそう思おうとしている子どものイメージや、母に思って欲しいと願う自分のイメージを、私たちは幼少の0〜7歳頃に作っていきます。これが月の影響です。

月の作るイメージはこのように、母や集団、社会によって自分が飲み込まれる構造をしています。

太陽を獲得した個性は本物ですが、月が与えた自我や個性は本物ではなく仮のものにすぎません。そして月に意識が奪われているときには太陽は隠れ、太陽が意識されるときに月は存在していないのです。

太陽の意識は個の獲得度合いによりますが、月のイメージは常に誰にでも働きかけてきます。最初に培った月のイメージで世界を見つめることが、なぜ悪いのかと言うと、それだと苦しくなるからです。

月のイメージは仮に作られた自分像でしかなく、同時に母との約束、周囲との約束における脅迫的イメージを無意識的にともなっています。本物ではないものを本当の自分だと思おうとするのですから、居心地は悪く脅迫的となります。

幼少の頃、それがなければ生きていけないという命がけのイメージで作られたものが月イメージですので、それは私たちの一生を通じてなくなることはありません。

神話に見る月

人は常に意識的に存在してはいませんので、誰もが容易に月につかまります。月は常々の思いであり、常々感じてしまう外界の印象です。

太陽が命の星であるのなら、その反対の月は死の星となります。

太陽が実体の星であるのなら、その反対の月は幻想と幻影の星となります。

太陽がエネルギーの星であるなら、その反対の月はエネルギーを奪う星となります。

大昔の言い伝えに不老不死の神話や物語がありますが、人間も本来は太陽のエネルギーで生きるなら、不老不死に近い存在のはずです。ですが地球では、月によってエネルギーを奪われるため、私たちは短い生涯になっているのです。

月は2万年以上前には地球の近くにはありませんでした。そのため、地球は重力も今の6分の1。それはユートピアであり、人の寿命も何千歳もあったとの言い伝えがあります。

もしかしたら、月の影響を知り、そこにとらわれなくなるなら、私たちも再び寿命が延びるようになるのではないかと思われます。

このように、太陽は私たちが生きる際の本当の力と関係し、それを与える星ですが、月はその正反対の、生きる力を奪い、すべての輝きを無にする星です。

ですから、月の幻影を本当の思いと勘違いしたら悲劇が起こりますし、月の力を自身で生かそうとしたら必ず失敗します。

しかし、私たちは月の幻影からこの世を眺め、その光景を人生や物事のスタート地点としています。地球が悲しみの星と言われるのもそのためです。月の衝動や月の期待や月の与えた個性を自身と思い、それによって成そうとしたすべてのことは必ず失敗に終わります。


月が自信家のように自分や人を見せたら、その人に自信などないのです。

月がお金持ちそうに自分や人を見せたら、その人にお金などないのです。

月が頭脳明晰そうに自分や人を見せたら、その人は頭が良いことなどないのです。


すべては太陽の陰です。太陽は本物ですが、その陰である月は、あたかも本当のように見せる嘘ということになります。

そのため、私たちは、月のキーワードを個性として持つことも、才能として持つこともありません。ただそう見えるので、そう思いがちですし、またそう思いたいだけなのです。

月が示すことはすべて嘘で、実体がないものです。だから、月の衝動によって動くと、私たちは独特の感情や思いを刺激されます。それは、前向きな気持ちとは違います。自己嫌悪、憂うつ、焦燥、脅迫感などは、すべて月が与える感情です。月によって、私たちは常にそうなるように導かれています。そのため、地上には悲しみや不幸が絶えないのです。

月によって感じる常々の感情や思い

常々感じていることが、左記のような感情なら、それは月によるものです。

焦り／切迫感／責任感／急ぐ心理／大変だと思う気持ち／落ち着かなさ／やりたくないが、やらねばならないという思い／つらさ／暗さ／不健康な気持ち／不健康な体調／優越感／負けたくない気持ち／未来を不安に思う気持ち／複雑な気持ち……など。

月でとらえたことに事実はひとつもありません。月は幻影なのですから、それが事実をとらえることはないのです。

月を通してこの世や自身を見つめる部分が多くなれば、その人は労多く実り少ない人生を送ることになるでしょう。なぜなら、月は偽りであり、それが自身であるかのように理解すれば、偽りの自分像に縛られるからです。嘘には力はないので、人生自体にも力が出てこず、寂しいものとなります。

月が与えるものに、具体的なものはないのです。幻影のみです。月の幻影で動けば、現実に働きかける力はなく、月並みなものしか成し得ないでしょう。

月のキーワードだけがない

非常に皮肉な話ですが、**月が示すものがたまたまないのではなくて、それだけがないのです。**しかし、それだけに人はこだわるのです。光と色について考えるとそのことがよくわかります。

月星座のキーワードはすでに述べていますが、大事なことなので、もう一度おさらいしておきましょう。

【月のキーワード】

月おひつじ座　アイアム　我、ありの幻想とそのすべての欠如
月おうし座　アイハブ　我、所有すの幻想とそのすべての欠如
月ふたご座　アイシンク　我、思考すの幻想とそのすべての欠如
月かに座　アイフィール　我、感じるの幻想とそのすべての欠如
月しし座　アイウイル　我、志すの幻想とそのすべての欠如
月おとめ座　アイアナライズ　我、分析すの幻想とそのすべての欠如
月てんびん座　アイバランス　我、測るの幻想とそのすべての欠如
月さそり座　アイディザイアー　我、欲すの幻想とそのすべての欠如
月いて座　アイアンダスタンド　我、理解すの幻想とそのすべての欠如
月やぎ座　アイユース　我、使役するの幻想とそのすべての欠如
月みずがめ座　アイノウ　我、知るの幻想とそのすべての欠如
月うお座　アイビリーブ　我、信ずるの幻想とそのすべての欠如

ではこれで月星座についての予備知識の解説は終了です。
次章では、あなたを生涯悩ます存在である月について、星座ごとに解説いたします。

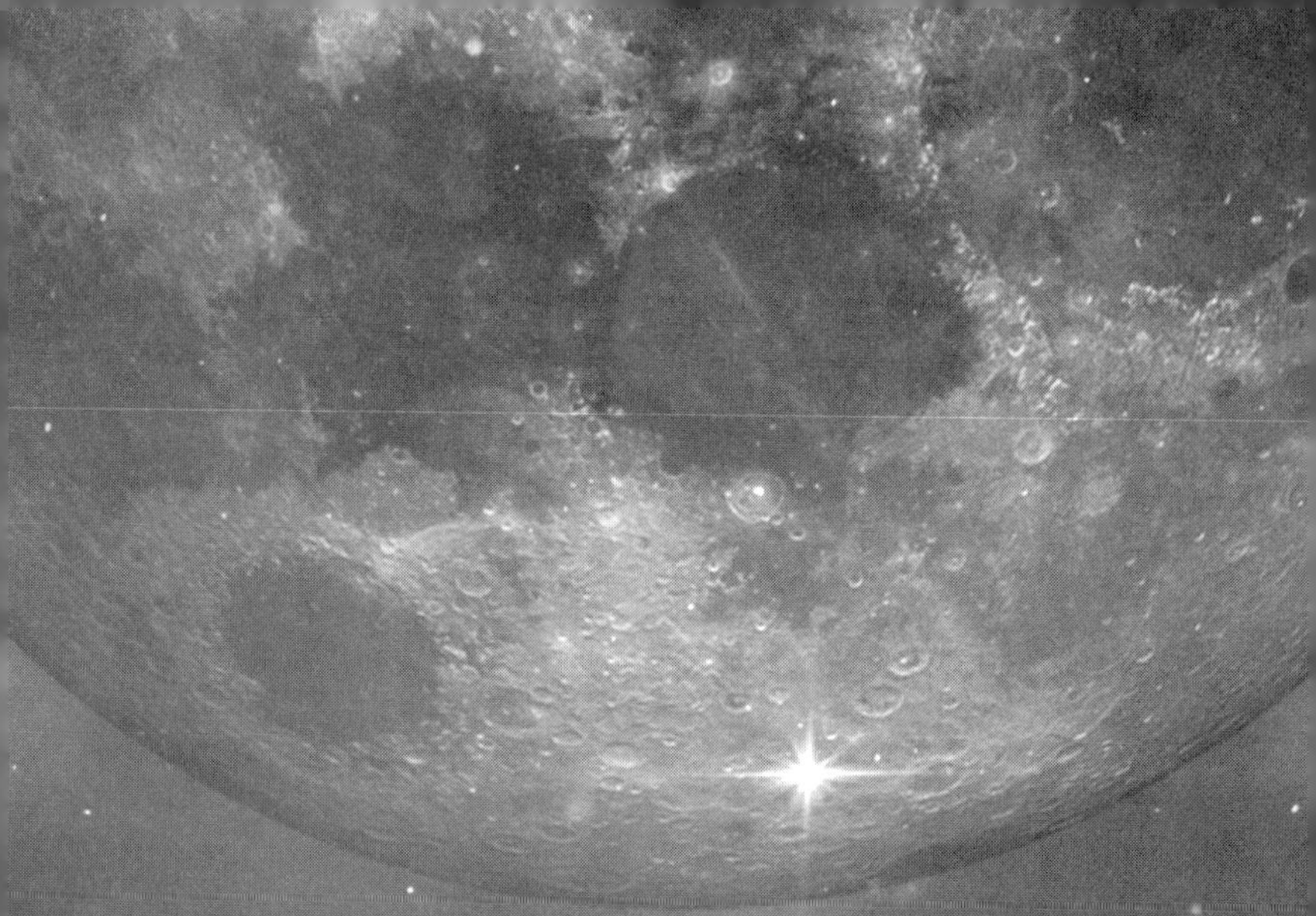

第2章

月星座があなたに与えないもの
——月の12星座解説

月おひつじ座の
キーワード

「I am　我、あり」
がない

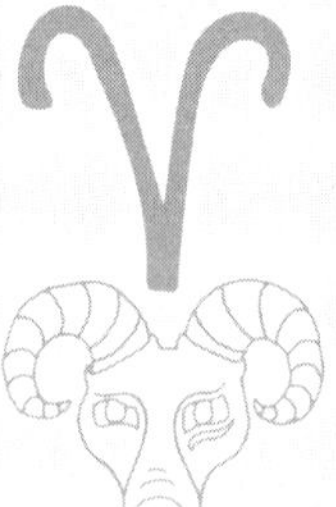

おひつじ座のキーワードは「I am（アイアム）我、あり」ということですので、月の場合は、それがない、ということになります。すなわち、月おひつじ座は「我がない人」ということです。

我（自分）がないとは、自分という感覚がなく、それを常に求めていて、かえって自分自身にこだわる現象を生じさせます。

たとえば、人前で自分にこだわるから自分を出しにくくなります。だから、初対面の集まりでは、非常におとなしく見えるでしょう。それでいて、自分の存在が危機に瀕すると、危機感から自己主張を始めます。

「自分とは何か」、その手応えがなく、自我の弱い生き方になります。

また本能が弱いので、そよ風で風邪をひいてしまうようなやわな面がありますが、肉体的にはスポーツマンのように見えたりします。実際のスポーツ能力は疑問です。

これまでの占星術解釈では月おひつじ座は、短気で気が強く、男性的であると、強い印象で語られました。

ケンカも強いように見えます。ですが、月の持つイメージは幼少のイメージですので、子どもがケンカしているような程度のケンカしかできないでしょう。

アイアムを持てませんが、常にアイアムに気を奪われています。

しかし、本物ではありませんので、人前で自分を押し出したりすることが苦手です。自分という意識が偽物なのです。そのため、自分意識が危機に瀕しやすく、電車の席取りが心配だったり、行列の列が乱れるなど、自分の順番がゆがめられたりすることに憤りを見せたりします。

そうしてすぐに怒るのも、アイアムが危機に瀕したと感じたときです。それでいて、怒りを爆発させたあとは自己嫌悪に陥ります。怒りが正当であったとしても落ち着かない気持ちになるのです。自分がないからです。

この人は怒ったり、スピードを出しすぎたり、焦ったり、せかせかしてはいけないのです。そうすると、月を刺激し、自身を弱い存在に感じてしまいます。

月おひつじ座は太陽とは違う見せかけのおひつじ座ですので、おひつじ座らしさは幻影であり、月の求めに従うことで命を縮めます。

月の衝動は常々の思いですので、常に自分を感じ取ろうとする強制があり、自身を意識しつつも自分を本当には押し出せないでいます。

トップに立つことも苦手です。実際にトップに立ってしまうと、妙に下手に出なくてはいけないような罪悪感を抱くでしょう。この人がリーダーシップを取ると人はついてこないでバラバラになることが多くなります。

最後に残ったお菓子などにも手が出せません。人に譲ることが多くなります。アイアムを出すことは罪であるかのように感じています。自我が弱いということになりますが、弱いというよりも自我が何であるかがわからないのです。

自分という存在を周囲に印象付けることが苦手で、サングラスをかけたり、つばの広い帽子で顔を覆って、人と目が合わないようにすると、楽になったように感じることもあります。カッとしやすいですが、平常時には人に対してむしろ下手に出るような態度が多くなる人です。

食べ物では刺激物をあまりとらないようにしたほうがいいでしょう。

すべて、自分を出す必要がある場面での弱さ、自分のない生きかたの克服がテーマですが、月は克服できないものを示しますので、太陽星座による克服しかありません。太陽星座を生かすことで月を過大視しないようにすると、楽になっていきます。

月おうし座の
キーワード

「I have　我、所有す」
がない

おうし座のキーワードは「I have（アイハブ）我、所有す」ですから、月の場合はそれが逆になります。つまり、月おうし座は「何も所有できない人」ということです。自分の物を何ひとつ持っていない人であり、そうした状態が常となります。

月おうし座はお金やこの世での富を求めますが、手に入りにくいはずです。一度手に入れたものも、長い年月の間に失うことが多くなります。

また、お金に限らず、空間を所有したい気持ちが強く、それは五感の快適さを求める気持ちを生みます。

しかし、五感は敏感ではあっても本物ではないのです。ですからそこにこだわり続ける現象を生みます。イヤな臭いやまずい食べ物には、決まって文句を言います。ワンコインのお弁当がまずくても、他の人は「そんなものだろう」くらいに思いますが、月おうし座はまずいと主張せざるを得ないのです。本当の味がわからないから騒ぎ立てて主張するわけです。このように五感が常に脅迫されている心情を持ち、イライラしやすくなります。

それは五感を阻害された危機感を持つためです。空間所有ができない焦りとも言えます。五感の不快に常に悩み、五感の不快に常に反応しながら生きる人生になりやすく、本当の豊かさが得られません。

おいしいお茶とお菓子とともに優雅なソファーでゆったりしよう、と頭では思いますが、そうした豊かさをめったに味わえません。何かが常に心を急き立てるようにし、不快さを抱かせるからです。

月の場合は本当の五感ではなく、五感を所有しなければならないという切迫した思いです。「自分には豊かな五感がある」と思いたいので、五感を頼りにした香りや食美的な仕事につきがちですが、苦労して終わるでしょう。

お金にこだわるのもよくありません。所有できないのと、いくらあってもさらなる欲望が優先しますので、常にお金に追われる人生になってしまいます。

金持ちに見えても見せかけの金持ちですので、見栄を優先させると人生そのものを破壊してしまいます。自分を豊かに見せようとすることで、相当のエネルギーを使ってしまうでしょう。

実際に欲しいと思っていた物が手に入ると、それをあまり大切にしませんし、大切な物だと思えなくなります。

人の物を欲しがる癖も、自身を貧しく感じるきっかけになります。

お金を欲しがる気持ちは強いですが、目先の物質的欲求を優先してしまうため、常に金欠状態が続きます。この傾向は気づいて脱するまで生涯にわたって続くでしょう。

声が小さく損をしている可能性があります。

兄弟間での不審を買うような場合もあります。

月がおうし座にあると所有することができなくなりがちですので、所有やお金にこだわらない生き方や方向を目指すべきです。

月ふたご座の
キーワード

「I think　我、思考す」
がない

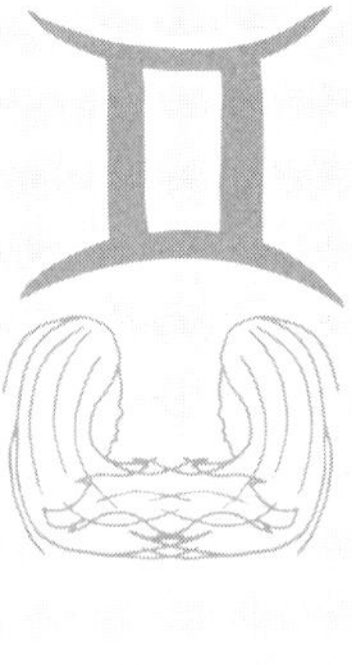

ふたご座のキーワードは「I think（アイシンク）我、思考す」ですので、月の場合は、それができない、ということです。月ふたご座は「思考ができない人」です。考えることができないし、考えてもよくわからないのです。

ふたご座はコミュニケーションの星座でもありますが、月の場合はそれがないので、コミュニケーションが苦手で本当は下手です。しかし、なぜだか、それが上手だと自身でも思いたく、結果として非常に苦労を重ねます。

間違っても人に教える立場にたったりしないことです。そうなると苦労するでしょう。教えたりコミュニケーションに関したことでは、どんなに努力しても評価は低いのです。しゃべるのが下手で、何を言いたいのかわかりません。

機転が利かず、融通性がなく、考えや行動に一貫した流れがありません。常にギクシャクしています。兄弟姉妹との関係性もなぜだか薄くなるでしょう。

空気を読めない人で、突然の対応がまったくできません。意味ないことをひとりでしゃべり続けたりします。そうしないといけないと思っているのです。

誰もこの人にそうした期待など抱いていないのですが、月ふたご座の人にはわからないのです。むしろ、黙っていて欲しい、と思わせるケースのほうが多いはずです。

しかし、本人はそのことに気づかず、永遠にスピーカーであろうとします。

何か話をしなければいけないと勝手に誤解するのは、コミュニケーションを心の奥底で恐れているためです。

教えることも基本的に下手です。自身の能力のなさを認めることができないため、そんなはずはないのだという思いによって、自分の子どもに勉強を教えたくなりますが、そうすると本人は疲れますし、子どもにとってもいい迷惑でしょう。

たいていは話や文章を書くことが苦手ですが、時折上手な人もいます。ただ、その場合でも本人には喜びはなく、ただ苦しいのです。自分が本当は知的ではない、という恐怖を隠すために妙な行動をし、そのためにエネルギーのほとんどを使ってしまいます。

月による見せかけのアイシンクなので、自分の考えがあるようでありません。物ごとの説明も下手です。聞いていても何を話したいのか、相手は見当がつきません。わかりにくい話し方で面倒な印象を与えます。何事にも首を突っ込み、話題に入ろうとします。

ただし、母との関係が深くその影響が長ければ、中には、月ふたご座を成長させる人も出てきます。母から教わる能力が月にはかろうじてあるからです。まねでもあるのですが、体感をともなうものなら、まねでも上達しますので、スポーツなどはけっこう得意かもしれません。

また、月ふたご座の人は自分は頭が良いと考えます。しかし、本当は違います。薄々気づいてはいるものの、自分は利口であるとの幻影を捨て去ることはできません。小学生、中学生までの成績は基本的にすばらしいですが、徐々に勉強内容がむずかしくなるにつれ、ついていけないものを内心では感じて焦ることでしょう。そうした知的葛藤は内面に怒りを生じますので、この人の心の奥には激しい怒りが渦巻いていることが多くなります。

太陽を獲得しないと、思いの込もっていないコミュニケーションに走るしかなくなります。そうなれば段々と冷たい人になっていくでしょう。

月かに座の
キーワード

keyword

「I feel　我、感じる」
がない

かに座のキーワードは「I feel（アイフィール）我、感じる」ですので、月の場合は、それができない、ということです。つまり、月かに座は「感じられない人」であります。感じ方が麻痺している、もしくは、そもそも感じることができないという意味です。

かに座は母の星座ですので、母としての能力がまったくないことも意味します。母であることに向いていませんし、本人にとっても子どもの面倒を見ることが本当はつらいのです。

家事も嫌いです。なのに、「良き母になろう」「おいしい料理を作ろう」と頑張ります。ですが心理的な頑張りが優先し、結局はストレスによってどうにもならなくなり、外出しては時間ギリギリまで帰りたくなくなる人です。家や家族のことを考えるとプレッシャーとなるでしょう。

ウエットではありませんが、自分が傷つけられたことには多少敏感です。

帰るべきところがなく、心のよりどころ、自分を守る安定した場所のない人です。自身への批判や悪意しか感じ取れないという、恐怖心ばかりが増長してしまう傾向もあります。要するに疑心暗鬼です。自分を批判する人を許さず、決してつき合おうとしないなど、大人の対応ができないでしょう。

感じる能力が幻想なので、逆に周囲に敏感に反応してしまうことが多くなります。そのことで焦燥します。自分を守ることが下手ですので、ヒステリーに反応する以外に守りようがない面があります。

特定の相手に対しても、その思いを感じ取ろうとするのですが、大体は外れています。ピントがずれているのは、情的な欠損を抱えているためです。ですから自然な情的コミュニケーションは親しい人との間にも存在しないことになります。ただ、まねはできるため、情の深い人に見られることもあります。

自分は思いやりが深いと思っていますが、家族の誰ひとり、そう思ってはいないでしょう。子どもや他人の気持ちがわからないので、一方的に愛情らしさを押しつけたり、無神経なことをしたりしがちです。

この人には自分を守る能力がありません。感じ取ることが間違いだらけなので、最後には自分が傷ついてしまい、自身を守ることができないのです。やみくもに動きまわることで、外界のすべてを感じ取ろうとしますが、結局は疲れて終わります。

疲れてもエネルギーの補充ができないので、倒れるまで動きまわるケースさえあります。

涙にも説得力がない人ですが、母性やデリカシーをあるように思いたいために、エネルギーの大部分を使ってしまうでしょう。大衆的であろうとしたり、人気者であろうとしますが、それが自分へのこだわりであることに気づけません。

かに座は胃を表しますので、胃の働きが常によくないかもしれません。消化吸収力が弱いでしょう。自分の体の不調を感じ取る能力がないので、風邪なども悪化しやすい傾向があります。

日常に必要な記憶が飛んでいることも多く、家族に驚かれたりします。大事なことはすぐに忘れますが、どうでもよいことはなぜかよく覚えています。

女性的であろうとしますが、女性的な面はあまりありません。女性らしさや繊細さを発揮することが本当は苦手です。

月しし座の
キーワード

keyword

「I will　我、志す」
がない

しし座のキーワードが「I will（アイウィル）我、志す」ですので、月の場合は、それができない、ということです。つまり、月しし座は「志を実現できない人」になります。

月しし座の人は何事も志すことばかりを言い続けますが、実際にそうなることがないのです。意欲が不完全で集中力に欠けます。そのため、将来のことを言い続けても絵空事のように周囲から思われます。理想的なことばかり言うので、だんだんと軽く思われるようになっていきます。

パッとした華やかな面がなく、誰にも強い影響力を発揮できなくなるでしょう。周囲から軽く扱われたり、注目を浴びられないことに不満や焦りを抱えたりすることが多いのですが、本人もどこかあきらめており、注目されてしまうとかえって失敗することになりがちです。

誰も従ってくれないのでリーダーには不向きですが、「目立つ立場に立ちたい」との思いに振りまわされ、結局はもっとも目立たない形で終えることが多くなります。

自分をすばらしい人間で能力ある人間だと思いたいのですが、やっていることはちぐはぐで、最後は人に譲ってしまうでしょう。

月しし座の人は目立とうとしないことです。他の自己実現の道がありますので、どっしり取り組めることを意識的に作ることで、浮ついた気持ちから脱却したいものです。

本当は自分の能力を信じられないので、常に「未来になれば……」という心理が働きます。そのためこの人の言葉は意味なく未来形で語ることが多くなり、話がわかりにくくなります。自身でもつじつまが合わないことを意識するので、エネルギーのほとんどを、未来の自分の成功イメージのために使いきってしまうでしょう。

アイウイルが常に変化する、つまり志が変わりやすい傾向です。熱い目的がないと生きられないと思っているため、それに固執します。

「何がしたい」「何がやりたい」と未来について熱く語ることで、自身の栄光を自覚したいのです。しかし、実際には何ひとつ具体的でなく、アイウイルの情熱で考えたり語ったりするものは現実にはなりません。

自分が強く、すばらしく、見事さの代表的人物であろうと常に見栄を張り続けるので、自身のイメージを保つことで疲れ果てます。自身を鼓舞するものに頼ろうとしますが、それが形だけで本質的でないのですぐに消沈します。

そうした意味では、元気がいいときが本当は危ない人でもあるわけです。「何かに選出されたい」「代表になりたい」、もしくは、「選出されるような自身でなくてはいけない」と思いつつ、選出されるとその責任を果たすことはほとんどできないからです。目立ちたいが、目立つ場面に遭遇すると逃げ出したくなります。本当の自分が輝いていないことを知っているからです。

誰に聞かれたわけでもないのに、常に将来への弁解や理由づけを語りたがるのはそのためです。将来に対して自然でいられず、常にアイウイルをむなしく語り、自身の人生の意味を知ることができない人になります。

月が与えるまやかしの未来を捨てる。つまり、月の自分を捨てるまで、この戦いは続くことになります。

月しし座に限らず、月からの脱皮はむずかしいものですが、自身のこれまでを振り返ることで、すべてのアイウイルが実際は自身を苦しめてきたことがわかれば、すぐにも抜け出ることができます。

この人は、人生の成功や発展や個として輝こうとするような、生き方のすばらしさを目標にすると失敗します。人への印象づけをやめると楽になります。

月おとめ座の
キーワード

「I analyze　我、分析す」
がない

おとめ座のキーワードが「I analyze（アイアナライズ）我、分析す」ですので、月の場合は、それができない、ということです。つまり、月おとめ座は「分析できない人」になります。秩序だった考えと行動ができないのです。

ないものをやろうとするのは、どの月にも共通していますが、おとめ座の場合はそれがわかりやすいかもしれません。

分析というと一般的でない印象ですが、「自分がどう見られているか」「相手をどのように見るか」「どのようにして外界を分析し、整理するか」といったような、常に何かを判断していかねばならない、という強迫感を持っているということです。

誰かから一言「太った？」などと言われたなら、自分がどう見られているかの心理に火がついてしまいます。そして、常に自分の体形のことばかりを気にかけるようになります。

自分が分析した結果にも縛られます。いつも「常にきちんとしなくちゃいけない……」という思いがあり、それが心を痛めるように働くのです。

きちんとしたいのに管理することが苦手で、部屋はいつも汚れています。掃除や整頓をどうやっていいかがわからないのです。

それでいて、部屋が汚れたり整頓されていなかったりすることがイヤで、自分に傷つきます。ただやればいいのですが、どのようにやればいいのかがわからず、最終的にさらに汚れたり散らかったりするため、そのことで本当にストレスを感じます。

清潔好きだと自分では思っていますが、清潔であったことなどありません。たとえその能力があったとしても、きれいにすることにものすごいエネルギーを使います。結果的に疲れ切ってしまうでしょう。

境界のない見方や考え方で、物の扱いも乱暴です。新品でも中古品のような扱いをします。

義務を果たす能力に欠けますが、そうしなければならないと思い、ストレスを増大させます。

仕事をする能力にも問題を抱えやすくなります。たとえば、毎日決まった仕事を定時内に行う、もしくは終えることができませんので、仕事はつらいでしょう。

おとめ座は義務の星座ですので、月おとめ座には義務を果たす能力がありませんが、子どもでもできる程度の義務なら果たせます。それゆえ、仕事に関しては本音では嫌いでつらく感じているはずです。

「義務を果たす能力がないから、責任を取ることができない」という思いもあるため、たとえ仕事はできたとしても、働くことやそこから派生するあらゆることが苦しくなってきます。

健康管理ができず、自身のケアもできないため、体中に傷やあざが残るようなケースも多いでしょう。

物事の順番がでたらめで、マニュアルを見ても勝手にやってしまい、物や機械を壊したりしがちです。

料理に関しても素材やジャンルをまぜこぜにしてしまうため、周囲からは何を食べているのかがわからないといった感想をもらうことがよくあるでしょう。

本人は、手芸や手先の器用さを生かした仕事が得意だと思っていますが、完成度は低く、努力の割に苦しい思いをしなくてはなりません。

常に自身を見張り続ける分析の目に気づくまで呪縛は続きます。月に縛られない生き方を獲得しない限り、誰にでもできることができなくなり、苦しむことになります。

早く個性に目覚めることで、生きるのがずっと楽になるでしょう。

月てんびん座の
キーワード

keyword

「I balance　我、測る」
がない

てんびん座のキーワードは「I balance（アイバランス）我、測る」ですので、月の場合は、それができない、ということです。つまり、月てんびん座は「バランスが取れない」ことを意味します。

月がてんびん座の人は、常々周囲とのバランスを測ろうとします。優位性や能力を測る場合もありますし、愛情の力関係や損得を測ることもあるでしょう。

いつも相手ありき、の態度は太陽と変わりません。でも、太陽の場合はバランスを取ることも喜びになりますが、月はその本質が偽物なので、「自分には相手とのバランスを取る資格や能力なんてない」というハードルがついてまわります。

人間関係のバランスがわからないため、ひとりでしゃべり続けたり、会話が途切れることを恐れて不自然に話したりしますが、そのことが、周囲からは浮いた印象に受け取られます。本人もどうしていいかわからないまま、常に「これじゃダメだと……」人間関係に気を使い続けます。

「誰も相手にしてくれないかもしれない……」という人間関係への恐怖が奥底にありますが、つき合いたい人とつき合えばいい、と思うことができません。

それはまるで、パーティーの会場で、踊る相手を探してふらついているときのような孤独感に似ています。

どんな相手とも理想的に関係性を結ばなくてはいけないと、どこかで誤解していま す。やめてしまえばいいと思うのですが、なぜだか、苦しい人間関係でも続けなくて はいけないと思っていますので、無駄な努力でエネルギーを失います。

何事も偏ったやり方になり、平和的に運べない面があります。公平な考えもできな いため、人との協調が理解できません。不毛な人間関係のために、人生のエネルギー の7割以上を使い切ってしまうかもしれません。

それでも本人には他人やこの世界とのバランスを取り続けるしか道がないので、相 手と釣り合うように、同じ物を購入したり、無理をして相手の話に合わせてみたりし ます。

だから、はたから見ると、極端なことや極端な生活態度が目立つでしょう。

てんびんの片一方にのみ偏ったような考え方や、やり方しかできないのです。何か にのめり込むとそれだけとなり、他の生活へのウエイトはなくなります。

昼夜の区分けが苦手など、完全にバランスが狂った生活になる場合もあります。

てんびん座は美意識の星座でもあります。美的にすぐれていないのですが、美的でなければいけないと思っており、気を使って疲れます。

おしゃれをしなくてはいけない状況は、月てんびん座にとっては恐ろしい問題です。「おしゃれをしなくては」と思うことで心理的に追い込まれていきます。雑誌を見てまねる、有名人の服をまねる、という判断が多くなり、自分では決められません。

また、相手や周囲の反応も気にするようになり、結局、自分には何が似合うのかがわかりません。服にしろ、相手選びにしろ、それは同じです。

対人関係でも何を話していいかがわからない。誰でも往々にしてそうなのですが、月てんびん座はそのことを気にし、会う前から何を話そうかと悩み考えるようなところがあるでしょう。結果的に無理な話題や不自然な会話になりがちです。

「自分は何とも、誰ともバランスを取るに値しない」という孤独感に至らないためには、月の理想を捨てる以外にありません。

「美しく」「エレガントに」「公平に」といったスローガンも、自分の中から生まれたものとは違います。それは、夢のない理想であり、自分を焦らせるための理想でしかありません。

月さそり座の
キーワード

「I desire　我、欲す」
がない

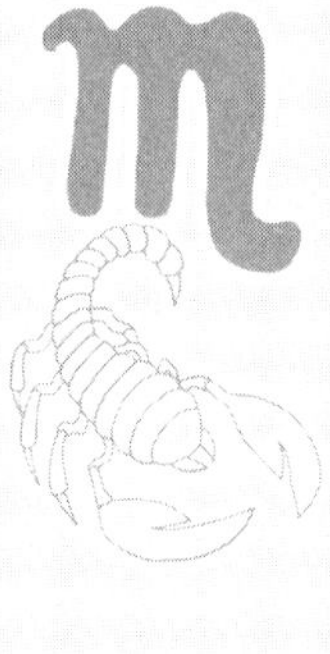

さそり座のキーワードは「I desire（アイディザイアー）我、欲す」ですので、月の場合は、それがない、ということです。つまり、月さそり座は「欲しているものが何なのか、わからなくなっている人」ということです。ひとつを選択することがむずかしく、選べない場面が多くなります。

しかしそれでも常に何かを欲していますので、日常における小さな出来事に関しても「何か重大な意味があるはず」であるとか、「何か重大なものがどこかに隠れている」というような、一種の妄想があります。

自分の手にかかる事柄、自分が関係するものは、すべて何か重要でなければいけないという考えに縛られています。だから、過度な完成度を求めるのですが、実際の完成度の高さはわかりません。

こうした自身の中にある強固な飢え、渇望感に苦しみます。

最高の物を手にしなくてはならないと常々思うため、自然な一時が持てなくなります。手に触れたものに対し、単純に縁があるものと思えば、心は軽くなりますので試してください。

最高のものを選ぼうとすること、渇望を何かで埋めようとすることで、月さそり座の人が苦しむのは、「深く隠れた真実は何か」というテーマを常に持っているからです。そうした大人特有のテーマを、子どもが考えている状態なのです。

そのため、どうしても疑い深くなります。しかし、疑う能力はなく、疑うために疑いますので、むしろ簡単にだまされてしまうことになります。

真実を見抜く力はなく、自分だけが知っているという優越感も最後は後悔につながるだけです。自分だけが知らなかった事実をつきつけられるようなケースが逆に多くなるでしょう。人間関係を遮断する人も出てきます。

日常の中でそうした心理を持つため、配偶者やパートナーは疲れるかもしれません。月さそり座は性とも深く関係します。性的な関心や妄想は大きいと言わざるを得ません。自分自身をセクシーと思いたい気持ちも強いでしょう。しかし、実際には性的なことは何もわからず、基本感覚として劣っていますので、現実とのギャップに苦しむパターンが多くなります。

セックスに関しても「感動がなければならない」と幻影の中で確信していますので、回数であるとか、相手への要求がうるさくなる傾向ですが、それでいて、自身にはそうしたセクシャリティの能力はあまりないのです。相手への性的接触の能力自体に難点があることもあります。

さそり座の特徴は、深い情動です。これがないのが月さそり座ですので、大人の持つ深い情動がわからないのです。性も大人の世界のことですので、月さそり座にはわからず、それゆえにこだわることになります。

集中力もありません。ひとりの人を深く愛する能力にも欠けているかもしれません。真実の愛がわからないのです。

性的でないということは、子どもということです。どこか子どもじみたところがあります。たとえば秘密を隠し通せないし、そもそも秘密を持てません。日常の中でも非日常を求める焦りによって、エネルギーの多くを消耗している人です。自分のことを普通と思うことがイヤなので、特別な存在であろうとします。

自分を特別な存在だと思えば、周囲の自分に対する態度が無礼に思え、「誰も何もわかってくれない」という思いが募るでしょう。「自分は特別ではない」とありのままの自分を受け入れるまで、月さそり座の妄想は続きます。

月いて座の
キーワード

「I understand　我、理解す」
がない

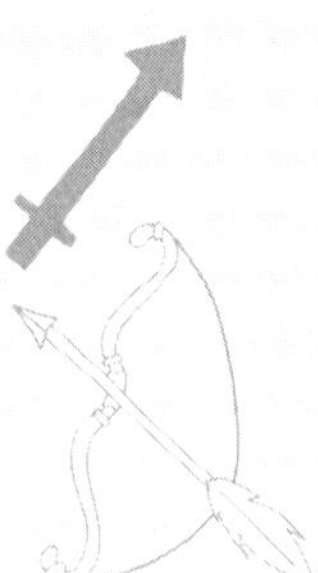

いて座のキーワードは「I understand（アイアンダスタンド）我、理解す」ですので、月の場合は、それができない、ということです。つまり、月いて座は「理解力がない人」ということになります。

物事を何も理解できないですし、間違った理解に固執しています。発展性のない思いや考え方しか持てませんが、理解したふりは常日頃からしています。

哲学がない、深い考えがない。だから誰のことも説得できません。学びへの意欲はありますが、無駄な結果に終わることが多くなります。月いて座の人には、人生や社会現象を、深いところで理解する力がないからです。

理解したものの中には、人の理解と異なるものがたくさんあります。すると、自身の理解が絶対であると思わねばならないという心理に侵されていきます。

月は妄想ですので、妄想を事実と思い込めば、それを周囲に承認させる必要が出てきます。ですから、月いて座の人が行うことは、まわりの人を巻き込む面倒な構造を持っています。

ある事柄が起こると、必ず自分なりの判断と理解を強要します。しかし、それはほとんどが間違っています。それなのに最後まで自身の理解にこだわり続けます。

自分の理解が本当はおぼろげであるにもかかわらず、間違いを認めることは自分に理解力がないことを認めることになってしまうので、不安になり、変更ができないのです。何があっても自身の考えを変えません。

いて座は社会情勢や世界情勢についての関心が高い星座です。また、教育や教養についても関心が高いので、月いて座の人はいつでも教養があるように装います。ですが本当は勉強ができないから、何についても知ったかぶりをします。それゆえに最後には恥をかいたりしますが、それでも自分の間違いを認めなかったりします。ですから、月いて座の人が社会に出て働くと、やることが限定された部署においては適応できますが、臨機応変に対応しなくてはならない仕事では、必ずと言っていいほど問題を起こします。

社会的に立派な人であるとの印象も、この人にとっては重要です。立派な人ではないけれど、周囲には「立派な人だ」と思ってもらいたいという思いを抱えています。また、感じがいい人として通すのにエネルギーを消費するのが月いて座です。そのため、表面的には良識がある、すばらしい人に思わせるのが上手です。でもエネルギー不足になると、その場から逃げ出してしまうことばかりでしょう。

こうして教養や良識を振りまくほど、間違いを指摘されるようなことばかりになります。ですがそれさえも認めませんので、どうしても信用を失う形となります。

自身が社会的にすばらしい人だと思わせれば思わせるほど、妙なことになっていくはずです。周囲は徐々に偽りの姿を感じ出すからです。

高等教育や出身校にも人一倍こだわるかもしれません。本当に高学歴な大学を出ていればそのことがアイデンティティーになりますが、そうでない場合は、複雑な形でのこだわりを見せるでしょう。

海外への関心は高いですが、ひとりで海外旅行など行くと問題が続出するでしょう。

本当は何も理解していない自分を認めましょう。自分は立派な人だという強迫の前で、深く傷つき、苦しくなっていることに気づきましょう。

月やぎ座の
キーワード

「I use　我、使役する」
がない

やぎ座のキーワードは「I use（アイユース）我、使役する」ですので、月の場合は、それができない、ということです。つまり、月やぎ座は、「自身を使うことができない人」です。

仕事や社会的な場面で自分を生かしたいと思いつつも、それができません。働くことや仕事に不向きなので、ひとりで行う作業で収入を得るほうが向いている場合もあります。

「社会に出なくてはならない」「社会で自分を活かさなくてはならない」といったストレスを常に抱えていますが、結局はそうできないことが多くなります。

時間をうまく使えないので、社会性に欠けてしまいます。時間を守るのも苦手ですから組織に向きません。

父の不在感の中で育ったか、実際に父親が社会的に失敗した姿を見ているかもしれません。

使命が持てない。定職に就けない。我慢が利かない。こういった理由から、肩書きが得られない立場に立つことが多いでしょう。

自分に対しては、役立てないものばかり持っているという虚無感を抱き、自分の持ち物がガラクタに思えてしまいます。

長期展望がないので、その場しのぎの生き方になりがちです。「自分は役に立つ人間か……」という思いが心に迫っています。それは最終的に「この世的な価値が自身にあるのか……」に至ります。

月にはその力はありませんので、いくら自身に価値があると思いたくても、不安となるだけです。そのため、自分を生かせる環境や方法を切望し続けることになりがちです。

具体的には仕事の場合にそれが多くなるでしょう。働いて自身の価値を評価してもらいたいが、同時に不安と恐怖を感じますので、勤め人には不向きな傾向です。

自分は仕事ができない人なんだと思いたくないし、周囲からそう思われたくもないので、仕事ができる人という印象づけに一生懸命になります。

実務一点張り、効果一点張り、規則一点張りなやり方で仕事をします。でも、いくらそう思っても、それ自体を続ける力は月やぎ座にはありません。

加えて、アイユースの感情は自身を物や機械のように扱いますので、無理をして働き続けて体を壊す人も出てくるでしょう。ベルトコンベヤーの前でがむしゃらに働くような働き方しかできないこともあります。

心理的な重荷にも耐えられませんが、肉体的な重荷も苦手で、無理すると不幸を招きます。肌のトラブルや寒さにも弱いでしょう。骨格に問題が出やすいようです。

アイユースは相手や物を使い切ることとも関係します。月やぎ座の上司のもとで働かなくてはいけない人は悲劇です。部下を物のように使おうとする上司かもしれないからです。

また組織や会社を運営する力は月やぎ座にはありませんので、二代目社長になると会社をつぶす可能性が高くなります。

太陽やぎ座の行き着く最高地点は、自身が神に使われている喜びとなりますが、月の場合は悪魔に使われているような不幸なものとなるでしょう。

自然には多くの無駄があります。たわわに実る木の実を、木自身は食べることはできません。豊かに与え続けるだけ。アイユースと異なる世界がそこにあります。

「自分を奴隷にする必要などなかったし、理想に燃えて働く必要はない……」ということに気づくまで、月の支配は続きます。「自分は社会の役に立たない」という思いが自分自身を苦しめていることに気づくと、楽になれるでしょう。

月みずがめ座の
キーワード

「I know　我、知る」
がない

みずがめ座のキーワードは「I know（アイノウ）我、知る」ですので、月の場合は、それができない、ということです。つまり、月みずがめ座は「何も知らない人」になります。

形だけの知識をひけらかしたり、間違った直観を持ったりしがちです。たとえ本物の直観を得た場合でもなぜか尻込みし、その直観に従えません。周囲を気にするためです。

発見やひらめきといった天才的なところがないのですが、さも天才であるかのように周囲に見せたがります。

しかし、知っているのと知ったかぶりをするのとでは大きな違いがあります。同様に、天才と天才ぶるのも、雲泥の差があります。

そもそも天才は自分の才能が天から勝手に訪れることを知っていますが、天才ぶる人はあくまで自身にすごい才能があると思いたいのです。

自由平等意識も弱く、ゴシップに傾きがちです。正直でない面があり、まねごとなのにあたかもユニークであるように見せようとします。

意味のない人間関係の形式的維持と、ユニークさという才能の印象づけのために、人生の7割に近いエネルギーを消耗してしまいます。

みずがめ座は人類愛の星座と言われます。太陽みずがめ座なら、人類愛を当たり前のこととしてとらえ、あえて証明を試みることはしません。当然の事実として受け止めているからです。

しかし、月には本当の力はありませんので、幻想としての人類愛であり、他への印象づけのためにその証明を必要とします。

交友もそうです。深くわかり合える段階には到達しません。

太陽のみずがめ座は、考えや未来を同じように思考する人との関係を深めたいのであって、そのためには孤独にも耐える力があります。

一方、月のみずがめ座の場合は、孤独が嫌いで、耐えられません。月の場合の孤独感は、そばに人がいないとイヤという孤独感ですので、内容はどうでもいいのです。本心や目的が通じていなくても、形だけでもいいから誰かにいて欲しいと願います。本当の友人よりも、友人らしきつながりが必要なだけなのです。

本当の友情も、本当の人間関係も、本当の知識も持てない。きわめて凡人だということを、月みずがめ座の人は隠したいのです。だから、自分を良く思ってくれている人に一生懸命にアクセスしたくなります。それはまさに形だけの友人連合といえるでしょう。

常に自身の行いを周囲に認めてもらいたいという願いがあります。いつも何か斬新なことをやっているという印象づけが必要なだけなのです。

しかしそれは伝えたい内容そのものより、表面的なつながりが目的になってしまい、何のために集うのかわからない、中身のない関係となります。ただ群れることが目的の関係しか持てないでしょう。

月みずがめ座は一見すると非常に冷静で平和的に見えます。それは形だけでの連帯感、形だけでの仲間との思いに応えるためであり、本当に仲間思いであるのとは違います。

そんな理想の自分を演じることに月みずがめ座の人はやがて疲れていきます。それと同時に仲間や友人がひとり、またひとりと離れていくことを体験するでしょう。

本当は何も自分は知らない、ということを受け入れるまで焦りは続きます。

月うお座の
キーワード

「I believe　我、信ずる」
がない

うお座のキーワードは「I believe（アイビリーブ）我、信ずる」ですので、月の場合は、それができない、ということです。

自分も含めて、本当は何ひとつ信じているものがありません。つまり、月うお座は「信じる、ということが理解できない人」です。

それなのに、人には信じて欲しいと思う気持ちが強く、その乖離《かいり》が最終的に裏切りのような形に終わる人間関係を作ります。

信じることはすばらしいことです。それは信じるに値するものがある場合に限ります。月うお座は信じるとはどういうことかを知らないで、信じるものを探しているのです。だから、ドラマなどで得たイメージを借りてきて、信じることを試みようとはしますが、やはり手応えはありません。一体自分という存在は何なのかさえ、信じられなくなっていきます。

別にこの世には、何ひとつ信じなくても元気で生きている人はいますが、月うお座は何かを信じなくてはならないと常々思っているのです。心を寄せるもの、心を一体化させるもの、それらを常に求めますが、一体となるとはどういうことかがわからないまま求めている状態です。

太陽のうお座なら、気の合う人と自然と一体となれます。

一方、月うお座は一体になろうとしても相手を把握できません。ですから、どこか遠慮がちにやさしく、どこか遠慮がちにほほ笑み、どこか遠慮がちに親しくするのみです。その遠慮はやさしさから出たものではなく、不安と手応えのなさから出てくる態度です。同調する思いがわからないから、本心では誰も信じていません。

約束も簡単に反故《ほご》にしてしまうことがあります。月うお座は確約ができないのです。何を信じていいかわからないまま約束するため、新たな不安や新たな関心の前で、約束は反故にされてしまいます。要するに揺れ動いているのです。

一体感を持てない、リズムに乗れない、運命の流れに身を任せられない、酔えない、感動できない、自分を忘れられない、何かを値踏みしている、霊感がない、深く心を開けない、自分を捨てられない、アバウトな考え方ができない……など、あらゆることに手応えがありません。

こうした自分の行動への手応えのなさは、常にこの人を苦しめます。何をしても意味がないように思えてしまいます。

何ひとつ手放せないで何かに頼るが、頼るものも信じないため、最後は現実的な判断が優先することになります。結果的に周囲をだましてしまうこともあります。

そうなると、月のイメージでこの人を見ていた周囲の人たちは、突然の現実的態度に驚き、裏切られたような印象を受けます。交友がなぜか長く続かない原因は、月のうお座に裏切られたと相手が感じ取るためです。

また、何も信じられないということは、死の恐怖を乗り越えられないことを意味します。「死にたくない」「死んだらおしまいだ」と思っています。

確信のもとに生きる自身のイメージが持てない中で、常に不安を抱え、エネルギーのほとんどを使い果たしてしまいます。

心を合わせる、人と一体となる、それができないとわかったとき、月の支配からの脱却の道が開けます。

月うお座の弱々しい、同情的なイメージは嘘です。

でもそれは、この世のことを何ひとつ信じてなどいなかったからです。だから正体を隠す演技が必要だっただけなのです。

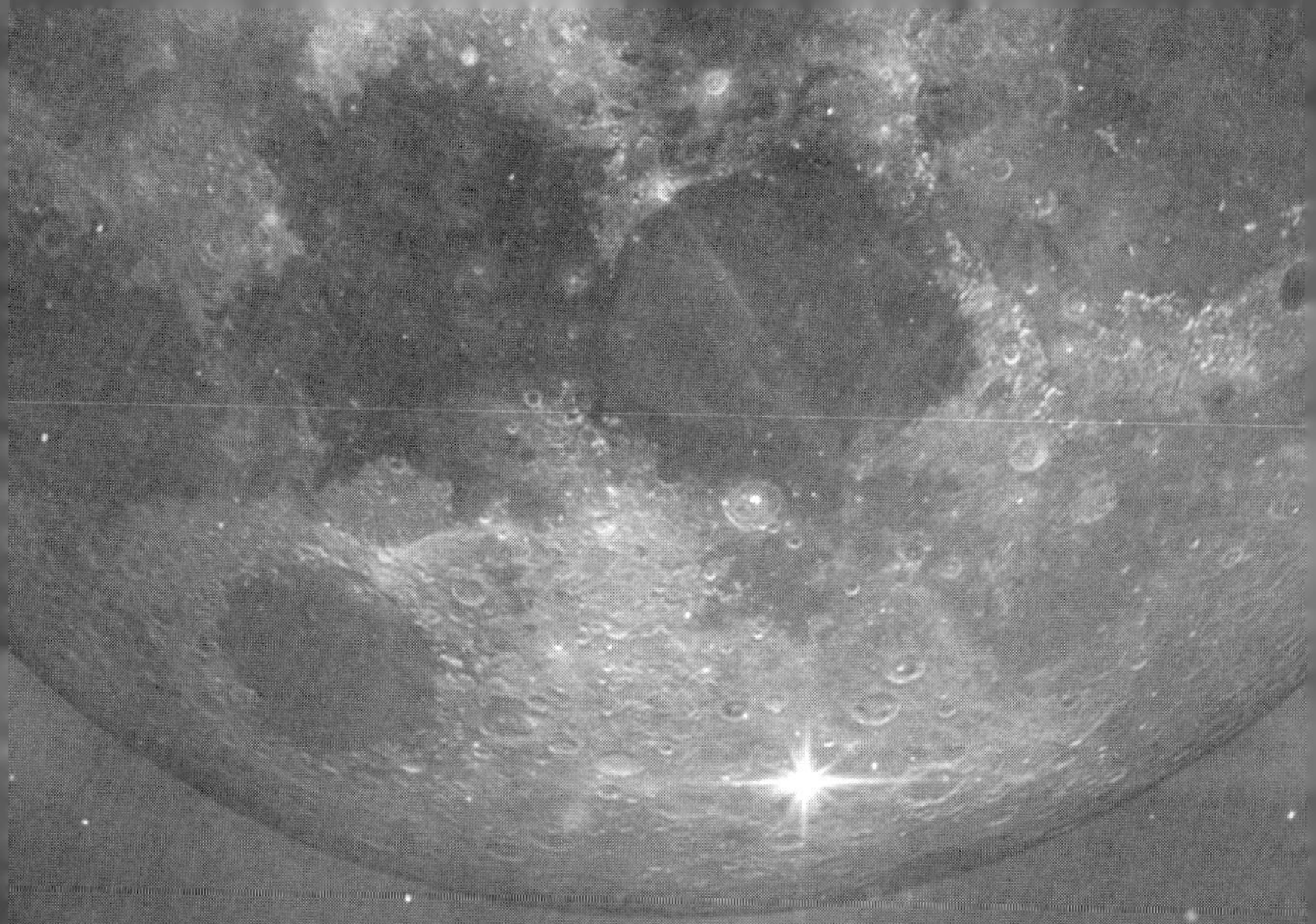

第3章

月の支配からの目醒め

ルナティックと月

ルナティックという言葉があります。狂気の意味です。精神に異常をきたすことを言うのですが、その意味は、**「月にとらわれる」**です。

人は精神に異常をきたす際に、間違いなく月にとらわれるのだと私は思います。**私たちの焦燥感や不安、失意、挫折感など、マイナスの感情のほぼすべては月から訪れる**からです。

どのように精神に異常をきたしていくかは、月星座によってパターンがあります。いくつか例をご紹介しましょう。

ある月がおとめ座の人は、精神に異常をきたす前に、三日三晩ほとんど寝ずに本棚の整理をしたと言います。

月おとめ座には、整理整頓する能力はないのですが、本人はその能力があるという幻想によって、それをしなくてはならないと思っていました。そして苦しみながら三日三晩やり続け、ついに精神に異常をきたしました。

このようなことがどの月星座でも起こり得るのです。

月がおひつじ座なら、我、ありの思いにとらわれ、我にこだわり続けるとルナティックに陥ります。

努力を重ねるほど、自身の中に我がないことを知り、その結果を受け入れることができずに精神に異常をきたすわけです。

月がおうし座にあれば、自身は自分の五感が優れているとこだわり続けるため、気になる臭いやイヤな肌触りを異常なほど気にかけ、そうした体感に耐えられずに精神に異常をきたしたりします。

このように月の星座によってきっかけは異なりますが、月にとらわれすぎることで、人は精神的にまいり、異常をきたすまでになるわけです。

月の影響の浸透パターン

月がどのようにして私たちの気持ちや思い、精神活動に入り込んでくるかには、一定の方式があります。そこで、月にとらえられていくメカニズムについて考えてみましょう。

まず、前章でご紹介した通り、12星座それぞれに月の支配する幻想の思いがあります。

次に、私たちのエネルギーレベルが低いとき、意識的に行動していない日々が続いているようなときに、月は副作用をともなう感覚や感情をかき立てます（イヤな感情や脅迫感など）。

そして人は、月がもたらす不安や恐怖に従ってしまい、間違った行為をしてしまいます。

しかし月による行動は、何をしても成果は上がりません。上がらないどころか、結果的に最悪の事態を招きます。こうして私たち人類は、長い間、月に支配され続けてきたのです。

月のこうした巧みで消極的な支配性に気づかない限り、私たちの生涯において月の支配は続きます。

次に、月に支配されている状態が具体的にどのようなものかを見ていきましょう。

月に支配された感情や感覚は、周囲も敏感にキャッチし、社会ムードを形成したり、職場内のムードを作ったりします。

さらに月の影響は個人間の関係性とも深く関係します。

月に支配された者同士で本当の友情は成立しません。嘘や見栄が根本にあるためです。

しかし、人は相手の無意識には敏感です。月に支配されている人が不安を抱くと、周囲に不安が伝播します。

月優位の家ではそれが顕著です。月優位の家とは、両親が月の影響を強く受けていることを言います。月が優位に立つ家庭は、居心地が悪く緊迫しています。**月優位の家で育った子は、常に敏感で安らぎを得ることが少なくなります。**月の影響を強く受けている親のもとにいると、子どもは心配しながら育ち、心は常に不安定になります。

これに対して、**太陽星座が優位の家で育った子どもは、くったくなく本当の明るさを持っている**のが特徴です。

月を刺激しないこと（月星座別）

月は日常の感覚ですので、ちょっとした刺激によって私たちは月の世界に容易に引き込まれます。日常、注意していなければならないポイントを月星座ごとにあげておきます。

月おひつじ座の人がやってはいけないこと

急ぐこと／自身や人を急かすこと／怒ること／感情を露骨に表現すること／危険な

こと／スピードを出すこと／暑い場所に身を置くこと／スポーツをやりすぎること／せっかちな食べ方／つまらぬ自己主張／競争意識を持つこと／義務感で料理すること／刃物を扱うこと／外科的なこと／ワイルドなことすべて／辛すぎる食べ物や熱すぎる飲み物で体に負担をかけること

月おうし座の人がやってはいけないこと

人の持ち物を欲しがること／欲張ること／放縦な生活や態度／太りすぎること／五感に関した仕事／お金にまつわる関心や期待を持ちすぎること／食べ物への極端な関心や批判／五感の不快感による不機嫌の表明／ズルをして儲けようとすること／自分をお金持ちだと思うこと／お金持ちに見せようとすること／食べ物のことばかり考えること／食べ物の味などについて批判すること／浅い考えで不動産を持つこと（住宅を購入するときには細心の注意がいります）／大きな声を出すこと／喉の酷使

月ふたご座の人がやってはいけないこと

深い考えもないのにすぐに話したり表現しようとすること／わかっていないのに教

えようとすること／話し続けること／拙速に答えを出そうとすること／自分には深い考えがあると勘違いすること／知ったかぶりをすること／自分は頭がいい、と思うこと／2つないし複数の物で迷うこと／同時に複数恋愛／無理してまで学んだり勉強すること／学歴重視の価値観を持つこと／計画性のない行き当たりばったりの旅行／物書きになろうとすること（苦労するので）

月かに座の人がやってはいけないこと

自分には深い愛情があると思うこと／人の世話を焼くこと／家庭で必要以上に怒ること／母親づらすること／重要な情報を忘れていること／水分を取りすぎること／体力的な無理をしすぎること／物と感情をため込みすぎること／安っぽい同情心を持つこと／噂話／危険な冒険や危険な旅行／母親への依存／母親に対する義務感の持ちすぎ／家庭的であろうとすること／湿気の多すぎる場所で暮らすこと／大げさな感情表現／物理的防波堤のない環境／食べすぎること

月しし座の人がやってはいけないこと

あてにならない未来の話をすること／最高の自分を見せようとすること／代表になろうとすること／人前に立とうとすること／つらさを我慢すること／背伸びして行う一切の言動／表面だけの華やかさを求めること／中心的存在になろうとすること／人の気持ちや感情を支配しようとすること／（仕事や義務などを）自分だけがやっていると思うこと／偽りの恋／偉そうに見せること／親分気取り／人に伝わらない話や話し方／華やかすぎる服装や地味すぎる服装を身にまとうこと／自分を重要人物のように見せようとすること

月おとめ座の人がやってはいけないこと

過度の禁止で自分をがんじがらめにすること／分析・区分けしようとすること／ワーカホリックになりそうな仕事のやり方／自分に制限を設けてきびしくしすぎること／義務を果たすために無理をすること／規則に縛られすぎること／規則を気にしなさすぎること／カテゴリーに無理やりあてはめようとすること／レッテル貼りの意識にとらわれること／腸への負担をかけること（おなかを冷やす・消化不良になる暴飲暴食）／薬に頼りすぎること／マニュアル的対応／保守的な気持ちから消極的になる

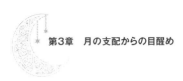

こと／嫌味な口調や言い方／あっさりしすぎた冷たい文章を書くこと／自分に対する禁止事項を持ちすぎること

月てんびん座の人がやってはいけないこと

一方に偏った見方や行動／ひとつのことに傾きすぎること／おしゃれへの過度なこだわり／美や芸術に関した論争／好き嫌いの一方的表明／公平でない言動／横柄な態度／極端な態度や表現／いつも同じ見方や考え方を押し通すこと／協調する場面における破壊的態度や言動／収入と支出のバランスを取ろうとすること／昼夜逆転の生活／不幸な結婚生活や不幸な対人関係を形だけで維持しようとすること／おしゃれに見られようとすること

月さそり座の人がやってはいけないこと

決めつけること／ひとつの物事にこだわること／予期しなかった意に添わぬ結果を受け入れられないであがくこと／間違いを認めないこと／つまらないことを命がけで行うこと／浅い思慮による決断／性へのこだわりを持つこと／性的関係の理想化／永

遠の愛を理想とすること／完璧なパートナーであることを求めること／遺産の期待を持ち要求すること／愛されなければ価値がないと誤解すること／これこそ本物だと思い込むこと／飢餓感からくるあらゆる行動（早食い／衝動買い／突発的な感情暴発）

月いて座の人がやってはいけないこと

自分を文化人だと思うこと／国際感覚があると思うこと／学べば学ぶほど優秀になると思うこと／立派な人物に見られようとすること／わかったふりをすること／安易な海外留学／目的のはっきりしない長期旅行や海外生活／自分の理解が正しいと思うこと／勝手に決めつけること／無理をしての寄付行為／語学留学／目標を散らしすぎてどこにエネルギーを注げばいいかがわからなくなること／支離滅裂な言動／自分の間違いを認めないかたくなな態度／怒ってつい手を出すこと

月やぎ座の人がやってはいけないこと

無理な倹約／無節操な浪費／やりすぎる自己管理／無節操な生活／仕事への過度な期待／何もできない自分にやきもきすること／就職しない人は価値がないと思うこと

／自分を物のように扱うこと／働かないときに焦ること／働けないときに焦ること／無理のある長期計画を立てること／演奏能力を過度に期待すること／長生きにこだわること／無慈悲な人の使い方／父親への過度の期待を抱くこと／宗教活動や政治活動からストレスを受けること／憧れだけで会社の運営をしたり、社長になったりすること

月みずがめ座の人がやってはいけないこと

変わったことをしないと目立たないと思うこと／異様なファッション／自分の知識を人に教えようとしすぎること／特別な知識をひけらかそうとすること／天才ぶること／いたずらに情報網を駆使しようとすること／アイデアを吹聴すること／グループの中心人物になろうとすること／形だけの人間関係を拡大しようとすること／体の同じ姿勢を続けること／同じ食べ物しか食べないこと／風通しの悪い部屋や環境に長くいること／日光に当たらなすぎること／孤独から逃れるためだけの人間関係

月うお座の人がやってはいけないこと

見せかけの同情心を示すこと／やさしそうに見せること／酔わないのにお酒を飲むこと／酔ったふりをすること／手応えがないのに信じたふりをすること／宗教への過度な関心を持つこと／満たされない心を偽りの現実で満たすこと／だまして人を巻き込むこと／むなしさを正直に味わおうとしないこと／むなしさを埋めるものを探すこと／長い時間水中にいること／踊り続けること／足の裏を不衛生にすること

占星術は人間心理を追究する古代からの知恵

占星術は人類最古の文化のひとつであり、もしかしたら宇宙人からもたらされたものではないか、と考える人もいます。

また、心理学者のユングが占星術を探究したことは有名で、意識と占星術の関係を最初に直観した人と言ってもいいでしょう。

以来、ちまたでは相性や運気を調べる星占いとして認識している人もいますが、占星術の本質は、人の意識の構造を解明することができる、非常にすぐれたツールであるというところです。

しかし、なぜ、生まれたときの天体の配置がこれほどまでに人の意識を支配するのか。じつはその謎は今のところわかっていません。

おそらく、ユングが言うところのアーキータイプがあり、イメージの宝庫としての宇宙を天体になぞらえて認識することで、人、地球、太陽系、宇宙という構造が浮かび上がってくるように、私たちの心は作られているのではないでしょうか。その具体的な表現が占星術であり、天体と人間の間に意識上での関係性が存在するという考え方に至ったものと思われます。

占星術は、もしかしたら今の科学をはるかに超えた考え方であり、本当に宇宙人からもたらされたものだったのかもしれません。いずれエネルギー論によって、出生の星の配置とそこから受ける意識構成についての関係が、解明される日もくることと思います。

地球人は地表に住み、もろに天体の影響を受ける位置で暮らしていますが、もしこれが地底で暮らしていたとしたら、おそらくもっと発酵された形で宇宙のエネルギーを受け取れたのではないでしょうか。

月の強制力からも、かなり自由になれたと思われます。地表は卵の殻のようなもので、殻に守られた中の圧は高まるので、宇宙エネルギーを地表にいるときよりもむしろ豊富に受け取ることができるはずだからです。圧が高いほうにエネルギーは集まるためです。

あらゆる問題の原因はエネルギー不足ですので、意識の問題も同じように考えられます。エネルギー不足の人間が月の波動を浴びれば幻惑されるのも当然で、本来の目的を容易に失うようになるでしょう。そして残念なことに、それが有史以来、今なお起きている現実でもあるのです。

月の構造は誰が作ったのか

太陽は本物の意識を私たちに与え、月は見せかけの意識を与えます。

太陽意識のほうが月意識よりも強いのですが、太陽は自身で獲得していく中で作られる発展意識であり、月は幼少期から作られてしまった日常の恒常意識です。

どのような意識段階にいる人であっても、常日頃の意識は最初に月から訪れるのです。

ですから、**私たちは常に月の意識に沿って世の中、自分、人のことを眺めています。**それが本当のものであれば何も問題はないのですが、月は偽りの意識であり、母との関係における成長過程で作られた仮の意識です。そうであるにもかかわらず、それは成人後も永久に続きます。

仮に作られた意識を、本当の自分と取り違え、窮屈な思いで一生を送るように設定されているわけです。

一体、誰が、月を使ってこうした構造を作ったのか。

まるで、地球人の意識をおとしめるために作った、とも思えるほどですが、そうしたことを語る立場にないので何とも言えません。

仮に「月によって人類の意識が成長しないように仕組まれている」と言ったところで、誰も信じてはくれないでしょう。

理由はともあれ、月が私たちの日常の意識を支配し、「それは本物ではない」という事実のみに目を向けているわけです。

毎分毎秒、月は私たちに働きかけます。嘘の世界を見せようとして働きかけていま
す。**その苦しさ、つらさ、不自然さが月によるものだったとわかってしまえば「なんだ、そういうことか」と目が醒めるきっかけになります。**「自分はこの意識で何十年も生きてきたから苦しかったのだ」とわかっていくわけです。

それまでは、月の意識を自分の本当の意識だと思って人は生きています。

あなたが、常日頃、毎分毎秒、どういう意識でいるか。また、どういう意識でいなければいけないと思っているかは、あなたの出生時の月の星座が示しています。

前章の自分の月星座をお読みになり、何を感じたでしょうか。

「その通り！」と思われた方がいる一方で、「絶対に違う！」と憤りを感じられた方もいらっしゃるでしょう。ですが、どちらにしてもその内容が気になっていると思います。

私たちは月意識を常々持ち続け、それが嘘であることに気づけないようにされているわけです。第一に、人間は月意識でしか外界と触れられないからです。必ず、最初に月のフィルターを通して私たちは外界を見るからです。

しかし、自身の中にある月の影響が理解できるようになれば、そこから私たちは自

由になれます。

太陽の本物の意識によって生きる道が現れ、幸福で豊かな生き方を私たちに与えてくれるからです。そのためにも、私たちを覆っている月の意識を知り、それに飲まれないようにすることが、本当の人間としての出発です。

ですが、誰かの明確な意志により、人類がそうならないように、まるで月を通して設定されていたようにすら思えてしまいます。

幻影に気づくことから始まる覚醒の道

この世は幻影であると言いますが、この世が幻影であるというより、私たちが見ているものがすべて幻影なのです。幻影は無意識であり、幻影が幻影であると意識されるまで、それは続きます。

幻影……嘘を事実と思いながら送る人生が、すばらしいものとなるでしょうか。なるわけがありません。幻影を事実と思いつつ生きても、本当の手応えを得ることはできないので、どうしても気持ちが暗くなったり、不安になったり、不安定にならざるを得ないからです。

多くの人はなぜ不機嫌なのでしょうか。なぜ、苦しむのでしょうか。なぜ、楽しめないのでしょうか。

それは、やはり幻影を事実だと思っているためです。

しかし、そんな私たちでも、ときには元気はつらつとなり、きちんと未来について考え、手応えを持って活動することがあります。

それは、幻影が消えているときなのです。**どんなに幻影が強制的であっても、幻影は意識の光の前では、まったくの無力です。影は光に照らされたら存在できません。**

私たちが意識的な態度を取り、意識的に生きているとき、幻影は力を持つことはできないのです。

しかし、意識的な態度や行動、意識的な目的を持てないで生きる人は、容易に月の幻影につかまります。無意識的になったとたんに、生まれ持った月の幻影がすっと入り込んできて、私たちを支配していきます。

不機嫌、弱気、落ち込み、自信喪失、落胆、暗さ、不適切な怒りや極端な反応は、私たちが意識的でいられず、幻影にとらわれているときの症状として現れます。

人は意識的に生きない限り、エネルギー不足に陥ります。意識がエネルギーだからです。

人生はこの幻影と意識の常日頃の争いと言ってもいいかもしれません。

幻影の無意識の領域が大きくなれば、その分、私たちは受け身で依存的となり、与えられるものに対して不服しか言わず、依存の対象がないときには、いたずらに未来を不安視し、恐怖や焦燥にとらわれます。

ですが、意識の領域が大きくなれば、人は老人になっても元気でいられますし、自分の人生に満足していられるのです。

とは言え、多くの人が幻影と意識のはざまを行き来しながら生きており、幻影に偏ったときは不幸となり、意識的な生き方をしているときには元気で幸福なのです。

意識からエネルギーが入り、無意識からエネルギーが奪われて行くのですから、当然と言えば当然なわけです。

人生の目的はより意識的に生きる存在になる以外にない、ということでもあります。

それには、自身の中にある幻影がどのようなものであるかを理解することが大切になってきます。

おもしろいことに、そこにはパターンがあり、そのパターンがそのときどきで入り混じることはなく、同一の幻影のパターンが、生涯にわたってひとりの人に続くのです。

何に劣等感を抱くかは人によって異なりますが、一人ひとりは常に同じことに劣等感を抱き続けるわけです。そのことを教えてくれるのが、月の星座です。

私たちは生まれたときの月が与えた幻影を見て、そのパターンを持ち続けて生涯を送ります。そのことが、人類の覚醒を遠ざける働きをしているのですが、そのパターンを知ることで、覚醒に導く働きを占星術は負っているわけです。

前述した月の12星座をお読みいただければ、自身に働いてきた幻影の正体がわかったかと思います。

本気で真剣に考えてくだされば、まず例外なく「確かにそうだった」とわかると思います。そう気づくことによって、これまでの自分が本当は何に苦しんでいたのかが理解できるようになりますので、もう落とし穴に落ちることはなくなるわけです。

そして生きることが楽になっていきます。

2人の文学者にみる月との葛藤――三島由紀夫氏編

ここで2人の文学者の出生時の月と人生の関係を見ていきたいと思います。

最初にご紹介するのは、日本を代表する文豪・三島由紀夫氏（1925年1月14日生まれ　月おとめ座）です。


ご存じのように市ヶ谷の陸上自衛隊駐屯地において、割腹自殺を遂げて若い命を落としています。彼の月はおとめ座にありました。

私の月理論によれば、月おとめ座生まれは、おとめ座の素養、素質、才能を持ち合わせていない、となります。

基本的にまったく持ち合わせていないのです。しかし、月は幻影を与える星なので、持っていないものにその人を縛りつけます。

人は自分の月が示す才能、素質がないにもかかわらず、常にそのことにこだわり続けるのです。

月の星座が一見、その人の素質や性格を言い当てているように思えるのは、常にその人が「ないもの」にこだわり続け、そのことばかり考えたり、反応したりしてしまうことで、まるで月の性格が自分にあるように思えてしまうからです。

そして悪いことに、月が示す7歳までに覚えた月の幻影は生涯続くため、7歳までの月が示す才能というか、7歳までに覚えたまねごとなら上手にできなくもないのです。


7歳と言えば、子どもによって、その出来ることの幅が違ってきますので、まねごとのうまい下手も出てきます。中には大人よりも上手にできる子どもだっている場合もあります。

三島由紀夫氏の家には、ゴミひとつ落ちておらず、家具はあるべきところに数センチも狂わずに常に置かれていたといいます。

通常、月がおとめ座にあれば、家の中は汚れ放題、荒れ放題、それでいて常に「掃除をしなくては」というプレッシャーに悩まされます。

しかし、7歳までにおとめ座の幻影を学んだ三島氏は、掃除もそれなりにできたのでしょう。どんなに苦しくても、家の中を常にきれいにしておく程度はできるのです。ですがその場合でも、そのことで疲れ、エネルギーを消耗してしまう点は月おとめ座に共通しています。

三島氏の家はチリひとつないきれいな家であったという点から、彼が異常にそのことに神経を使っていたことが伺えます。

三島氏は月と常に戦い続けていた気がします。月の影響には例外はほとんどありません。その後の彼の活動は、月おとめ座にまさに沿ったものに思われます。

彼のおとめ座の月が次に向かった地点は、自身の肉体改造でした。

自分のキャシャで貧弱な体に我慢ができなかった三島氏。おとめ座は器を暗示しているので、きっと自身の体の器の貧弱さには耐えられないものがあったのだと思います。

ボディビル、ボクシング、その他、激しい運動を通して、彼は自分の体を鍛えていき、見違えるような体つきとなります。

肉体改造に成功しているように見えても、やはりここにも、本当はかなりの苦しさがあったと思います。

おとめ座は他の領域との結界を意味し、細胞など、他の影響の侵入を許さない構造を求めます。壊されない環境、壊されない器。自身の肉体改造には、他の力によって犯されることのない肉体を求める思いがあったのでしょう。

しかし、月おとめ座は、それができないのですから、いくら肉体の強化に成功してもそれは一時的で、その維持は大変だったでしょうし、その後の肉体の衰え、ないし、老化などに気を使う人生だったと思われます。

「あのときは鍛えたよな……」というような考えは月おとめ座にはなく、肉体改造が成功したなら、それを維持するために、四六時中気を使い続けたはずです。

月の試みは一時的に成功しても必ず失敗に終わりますので、彼の肉体改造の結末は、割腹に表れています。

割腹、すなわち腹という結界の崩壊。おとめ座は細胞など、結界を意味しますので、月がおとめ座にあると、結界が持てないということになります。

たとえば、月のおとめ座の人が突然太りだす、という現象がありますが、それは細胞の結界と関係します。結界の崩壊は結界の消失となり、突然太るなどの症状を生じてしまいます。月は生理機能に影響を与えるためです。

月がおとめ座にある人は、結界を自身の肉体に求め、拒食症に陥ったり、食事制限を常に考えたりして苦しむことがあります。管理できないのに管理しようとするのです。しかし、どんなに心配して苦労しても、そうした試みはすべて敗北しますので、いつか、細胞の結界が壊れ、拒食症になったり逆に太りだすなど、そうした運命が多く見られます。

月がおとめ座にある人は、肉体管理しようと思わないほうがいいのです。思えば、必ず失敗に終わるからです。

月は物事のすべてを失敗に追い込む力を持っています。月おとめ座に限らず、すべての星座の月がそれを担っています。

三島氏の場合は、肉体改造に必死の思いで成功し、その維持にも死にもの狂いだったと思われますが、最終的には、白身で腹を割き、腹という結界の崩壊による死を招いたことになります。

月の幻影に突き動かされて達成したことが、のちに良い影響をもたらすことはひとつもありません。彼は肉体改造した強靭な体で自信を得るよりも、さらに幻影を深める行動に出て行きます。幻影は達成されても実感がないので、さらなる幻影への行動に駆り立てて行きます。

日本の行く末を嘆《なげ》き思い、日本の現状に心を痛めた三島氏は、自身の肉体改造を果たしたあと、『楯《たて》の会』という自費の軍隊を作ります。

この軍隊は最初、財界にお金を出してもらって設立したかったのですが、財界は首を縦に振らず、仕方なく彼は自費で楯の会を作ります。肉体改造のあと、秩序を失っていく日本という器を作り直すことに彼の主眼が置かれていくのです。

ところで、なぜ財界は世界の文豪の申し出を断ったのでしょうか。

三島氏は日本の秩序が壊されていくことが我慢できずにおりました。学生に犯されていく日本社会や文化。折しも、学園闘争はピークに達し、新宿では騒乱罪が適応されるなど、首都の混乱は増していきました。

東京の混乱を正し、秩序を取り戻すために、三島氏は自衛隊の出動を願ったと言います。

その際、自分らが先陣を切って暴徒である学生たちを襲い、武力によって鎮圧する、との思いが募ったのです。まさに月おとめ座の秩序への願いです。

しかしいくら暴徒と化した学生だからと言って、自衛隊が武力による鎮圧はできないでしょうから、私設の軍隊が先陣を切っていけば、秩序が回復するとの考えが三島氏にあったようです。そのインパクトによって国民も日本のあるべき姿を思い、いたずらに西洋化せずに自身を律することになるとの思いです。

西洋化によって日本古来の良さが失われることは確かに問題ですが、日本が西洋に侵入される、日本という器が壊される、という危機意識はおとめ座ならではのものがあったに違いありません。

しかし、彼の場合は月おとめ座の感性によってのものですので、本物ではないのです。本物ではないゆえ、悲劇へとつながっていきます。

いくら日本的なものを大事にする、日本の秩序が破壊されるのを阻止する、となっても、通常の感覚だと「だからといって先陣切って学生を切りつける、というのはどこかおかしい」と誰でも感じます。三島氏の考えと一般国民の考えとの隔たりが、そうしたところにあった気がします。

月おとめ座が何かを守ろうとしても守れないのは、こうした現実との乖離が生じるためです。

秩序回復のためには学生を襲うことも辞さない、という三島氏の姿勢に、財界はビビりました。当然のことだと思います。

じつは軍隊はおとめ座が表すもので、三島氏が軍事組織にこだわるのもうなずけます。しかし、実際の軍事との間には、乖離があったため、彼の主張は市ヶ谷での悲劇を生むことになっていきます。

日本の本来の姿を求め、それを秩序だって形にしたいと願う三島氏の思いは、おとめ座本来の世界です。

しかし三島氏の場合は、おとめ座は月であり、月は常に幻影です。幻影で動いても、現実はなびきません。彼の最後の演説が、私にはどこか悲しげに見えるのは、そのせいではないかと思います。

1970年11月25日、三島由紀夫氏は市ヶ谷駐屯地にて自害。45年の生涯を閉じます。

今回は三島氏の人生を振り返る内容とは違い、あくまで占星術的な意味、ことに月おとめ座の観点から語らせていただいたものです。そのため、一方的な解釈となっている部分も当然ありますが、三島氏の生涯をさげすむような意味で語っているのではありません。あくまで占星術の月の観点であることをご理解ください。

私的には、三島氏の死は、人間業を超えた範囲のものですので、良いとか悪いとかではなく、本来は神社に祭られるべき類《たぐい》のものであると思っております。

ただ月という観点を通せば、これまで語られてこなかった彼の苦悩や限界、行動の意味も新たな視点から見えてきます。

月は幻影であるゆえに、それは不足した部分であり、不足しているものに優秀な人ほどこだわっていきます。自身の完璧化、完全化という幻想と月は切っても切れない関係にあるのです。

三島氏は世界的な文豪でしたが、その名声だけでは飽き足らない、さらに自身の不完全感を脱皮し、本物として完成させたいという思いが、彼の月を通せば見えてきます。


彼の生涯の目標は、月に支配されていたことが、私の目には見えます。

なぜ、そこにいると落ち着かないほどきれいな家だったのか……。

なぜ、彼は肉体改造に夢中になり、それを成し遂げたのか……。

なぜ、防衛に関心を寄せ、私設の軍隊まで作ったのか……。

なぜ、彼は自害したのか……。

生かす力が私たちを生かし、私たちを消し去ろうとする力が、私たちを消し去る。ただそれだけのことです。

生かす力が強いうちは、私たちは健康で元気でいられますが、消し去ろうとする力が強くなれば、私たちはだんだんと弱り、やがて死んでいきます。

太陽こそが生かす力であり、月が、私たちを消し去ろうとする力であるとするとき、三島由紀夫氏の生涯は月との戦いであったことが伺えるのです。

2人の文学者にみる月との葛藤——寺山修司氏編

文学者と月との関係についての2人目の考察は、寺山修司氏（1935年12月10日生まれ　月ふたご座）です。

私は学生時代に寺山修司氏の大ファンで、渋谷の並木橋というところにある天井桟《さ》敷《じき》館の前を通って、毎週渋谷の場外馬券売り場に通っていました。

天井桟敷館の前を通るといろいろな格好をした男女がおり、それを見るのが楽しかったことを思い出します。

寺山氏の作品は不思議なレパートリーに満ちており、ドイツのケストナーに似た作品群がありました。あまり知られていませんが、その中に『さよならの城』（※1）という詩集があって、私は大きな影響を受けました。

自分も文章を書きたい、と思うようになったのも、寺山氏の『さよならの城』に影響を受けたからです。内容は少女詩集のようなもので、おとぎ話のようでしかも幻想的な作風の詩。私はそれに魅せられ、似たような詩を学生時代にたくさん作りました。

寺山修司氏は、中学時代から俳句や詩、童話を書き続け、学校新聞に投稿したりしながら徐々に評価され始め、文学者の目にまで留まるようになっていきます。

早稲田大学の国文学部に入った寺山氏は、たちまち頭角を現します。その頃の代表作『父還せ』（※2）は大変な評判を得て、寺山修司は文壇に華々しくデビューすることになります。

彼の出生時の月はふたご座にあり、本来は、書いたり語ったりすることには才能がない、はずです。あってもまねごとを抜けられないと考えるわけですが、寺山氏の場合は早くから才能を発揮しています。

ただ気になるのは、そのジャンルが一定でなく、どこに何を求めているのかが定まりません。

月ふたご座は、思考能力がないことを示しますが、一定の考えを深めることは苦手だったのかもしれません。世に出るきっかけとなった『父還せ』は、同時期に発表された中城ふみ子氏の『乳房喪失』（※3）の影響が大きかったと言います。

また私が影響を受けた『さよならの城』は、ケストナーの影響を受けたものでした。

常々、寺山氏は誰かの影響を色濃く受けて自身の作品に生かしていきます。

寺山氏は、俳句と短歌の世界では、天才の名をほしいままにしていました。

早稲田大学在籍当時、同世代に当たる学生に、大橋巨泉氏がいました。大橋氏も俳句の道を進もうと思っていたのですが、寺山氏には逆立ちしても勝てないと思い、その道をあきらめたということです。

しかし、そんな寺山氏を一大スキャンダルが襲います。

「寺山氏の俳句は、中村草田男氏や西東三鬼氏らの俳句の模倣ではないか」、との声が上がったのです。盗作問題です。

白黒の決着はおぼろげになったと思いますが、寺山氏としては、純粋な思いでこの道だけに進む、というわけにもいかなくなったと思われます。

じつは、月ふたご座は、この問題と非常に深く関係します。

月ふたご座は考える能力がなく、思考力に弱さがあるので、自身の考えが持てません。どこかから借りてきて補う以外に方法がないのです。月ふたご座の人が文章を書く際に非常に苦労するのもこの点です。

自身の中に思考がないのですから、本当ですと創作は無理です。しかし、自身はふたご座の思考や創作、文筆にこだわり続けますので、方法はどこかから持ってくる以外にありません。盗作しようという悪意は到底ないのですが、どうしても借り物なので似てしまいます。

寺山氏もそれを行ったと思わざるを得ません。状況の証拠は沢山あり、俳句はクロスワードパズルではない、と批判されるようにまでなります。クロスワードパズル的俳句とは、あちこちから単語を集めてきて、クロスワードパズルのようにひとつの世界を作る、ということです。

寺山氏の太陽はいて座ですから、構成力のほうは本物です。魅力あとは、深みのある単語や表現を借りてきて、それを独自に構成することで、魅力的な表現の世界を作ることになったと思われます。やはり寺山氏は、創作活動の最初の表現、思考力のなさで、本当は困っていたと思われるのです。

短歌と俳句の道だけでは無理なので、以降、さまざまな方向への活動が始まったとも思われます。しかし、常に思考のなさはつきまとったはずで、彼にしかわからない苦悩があったと思います。

以降、寺山ワールドはものすごい広がりを見せますが、単独で行ったものは少なく、横尾忠則氏や東由多加氏、奥さんになった九條今日子氏、谷川俊太郎氏、場合によっては『あしたのジョー』（原作・高森朝雄／作画・ちばてつや、講談社コミックス）といった、個性との協力により世界を創出するという面があったと思います。

アイシンクができない、という月ふたご座の弱点を、人なつっこさや、人間関係を本能的に応用して補ったのでしょう。

寺山氏の多様なワールドは、個性の噴出というよりも、人の巻き込みによる場作りの面が大きかったと思われます。月ふたご座は、人と話しても、何を話そうとしているのかなかなかわからないし、最終的にも伝わらないのですが、それは良い面での巻き込み現象を促進させる利点があります。

「よし、わかった。おれが絵を描くよ」「よし、私がここで気張ってみるわ」「それなら外国で誰それという人が似たことをやっているので、連絡してみるよ」というような、おそらく垣根を超えた助け手の出現により、寺山ワールドが広がった気がします。

月ふたご座には、アイシンクがないので、自分からワールドを見せることはできません。周囲のありがたい誤解による発展方式が、寺山ワールドを支えていた面があった思います。

というのは、寺山氏は競馬好きでも有名でした。私も当時から競馬ファンでしたので、競馬番組に出演する寺山氏の話を真剣に聞こうとしました。

しかし、期待に反してあまりおもしろくないのです。文章ならあとで練ることもできますが、その場の話は、その人の中身がどうしても出てきてしまいます。

寺山氏の話には東北特有の独特のイントネーションがあって、それが個性としてむしろ輝くため、多くの人は気づかないと思いますが、真剣な競馬ファンである私の耳には、もう少し話に輝きが欲しいとの思いがありました。

昔、ミオソチスという馬がいて、寺山氏はミオソチスの大ファンだったのです。その兄弟馬であるアローエクスプレスという馬が皐月賞に出走したときだったと思います。寺山氏はしきりにミオソチスについて、そしてアローエクスプレスについて思い出深く語るのですが、私としては何かピンときません。

まず、ミオソチス（忘れな草の意）は繊細な馬のイメージでしたが、アローエクスプレスはどちらかというと巨漢馬で、繊細なタイプではありませんでした。力でグイグイ押し切るタイプの名馬であり、ミオソチスの感傷とアローエクスプレスとは合っていないのです。

因縁でしょうか。大橋巨泉氏も競馬好きで、やはりアローエクスプレスが勝ったレースについて語ったことがあります。

あるレースでアローエクスプレスともう一頭の馬が抜け出して、アローエクスプレスが鼻差という微差で勝ったレースの解説時でした。

大橋氏は、

「すごい馬だな……。わずか鼻差で勝ったと思われるかもしれませんが、あのまま大阪まで走って行ってもやはり鼻差で勝つんだよ、そういう馬だよね」

と解説されていました。

私は大橋氏のその解説を聞いて、寺山氏の解説よりもずっとおもしろく、文学的であるとさえ思ったものでした。

月ふたご座は、寺山氏から当意即妙な話の楽しさは、奪っていたように思えます。

しかし、そうした自身の足りなさをよく理解していた寺山氏だったからこそ、その後多方面での活躍をすることになっていったのだと思います。

月ふたご座の考えられない、本物の文章は書けない、まねごとの文章しか書けない、という運命に対して、寺山氏は脱文章化の方向に進みます。

もちろん寺山氏が月ふたご座について知っていたわけはありませんが、彼が目指した方向はそれが良かったのです。

脱文章、脱シナリオ、脱ストーリー、最初からアイシンクのないスタートである点、間違いなく寺山芸術の出発点だったと私は思います。

映画『書を捨てよ町へ出よう』（配給／日本アート・シアター・ギルド）は、まさに月ふたご座との決別であり、彼の芸術家としての記念碑ともなりました。やがて市街劇『ノック』は、シナリオもストーリーもない町の実験劇であり、月ふたご座のストレスなしの構造へと向かい出します。

しかし、月ふたご座の理解などない寺山氏は、自身の中にある、考えができない、本当は文章が書けない、という自分への負い目やこだわりには大きいものがきっとあったと思われます。彼の活動が月ふたご座の欠けた、自身への弁解となっていた部分は少なからずあったことでしょう。

1980年、宇田川町のアパートに侵入しているところを家人が不振に思い、警察に逮捕されます。のぞきだったと当時言われましたが、実際には市街劇ノックの下見であったというのが真相のようです。でも、妙と言えば妙な話でした。アパートの家人に言わせると、5年前にもアパート周辺をウロウロしていて警察を呼んだということです。

同時期には肝硬変で入院もしており、晩年の哀愁が漂い出していました。なぜ、それほどまでに酒に溺れたのか、なぜ自身にも破壊的な生き方しかできないのか、それらはすべて月がきっかけになりますので、寺山氏自身の中で、月ふたご座の問題は未解決だったと思わざるを得ません。

彼の月ふたご座が本当の意味で評価されたことは、じつはなかったのです。若い頃に天才と言われた俳句や短歌の才能は、盗作事件によって傷つきます。しゃべることが下手で何を言っているのかわからない彼の態度は、仲間うちでは人間性として人気を博します。

1983年5月4日、寺山修司氏逝去。47年の人生でした。

古事記には、冥界から戻ったイザナギノミコトは禊《みそぎ》をしたとあります。イザナギが左の目を洗ったときにアマテラスオオミカミが、右の目を洗ったときにツクヨミノミコトがお生まれになったと記されています。

アマテラスは太陽。ツクヨミノミコトは月読で黄泉を、それぞれ受け持っているのでしょうか。

左がアマテラス、右が黄泉《よみ》、左は陽足《ひだ》りであり、右は身切《みぎ》り。

太陽が命を与え、月が命を奪う、この構図を理解する必要があるのです。

月にとらわれたら、命は短くなりもすれば、狂気に陥りもします。寺山氏の短い生涯の裏に、月のふたご座の影響を私は感じずにはいられません。

※1　復刻版『ひとりぼっちのあなたに・さよならの城・はだしの恋唄』（新書館）
※2　改題『チェホフ祭』短歌研究社　第2回五十首詠特選受賞作品
※3　『乳房喪失―歌集』（短歌新聞社刊）、短歌研究社　第1回五十首詠特選受賞作品

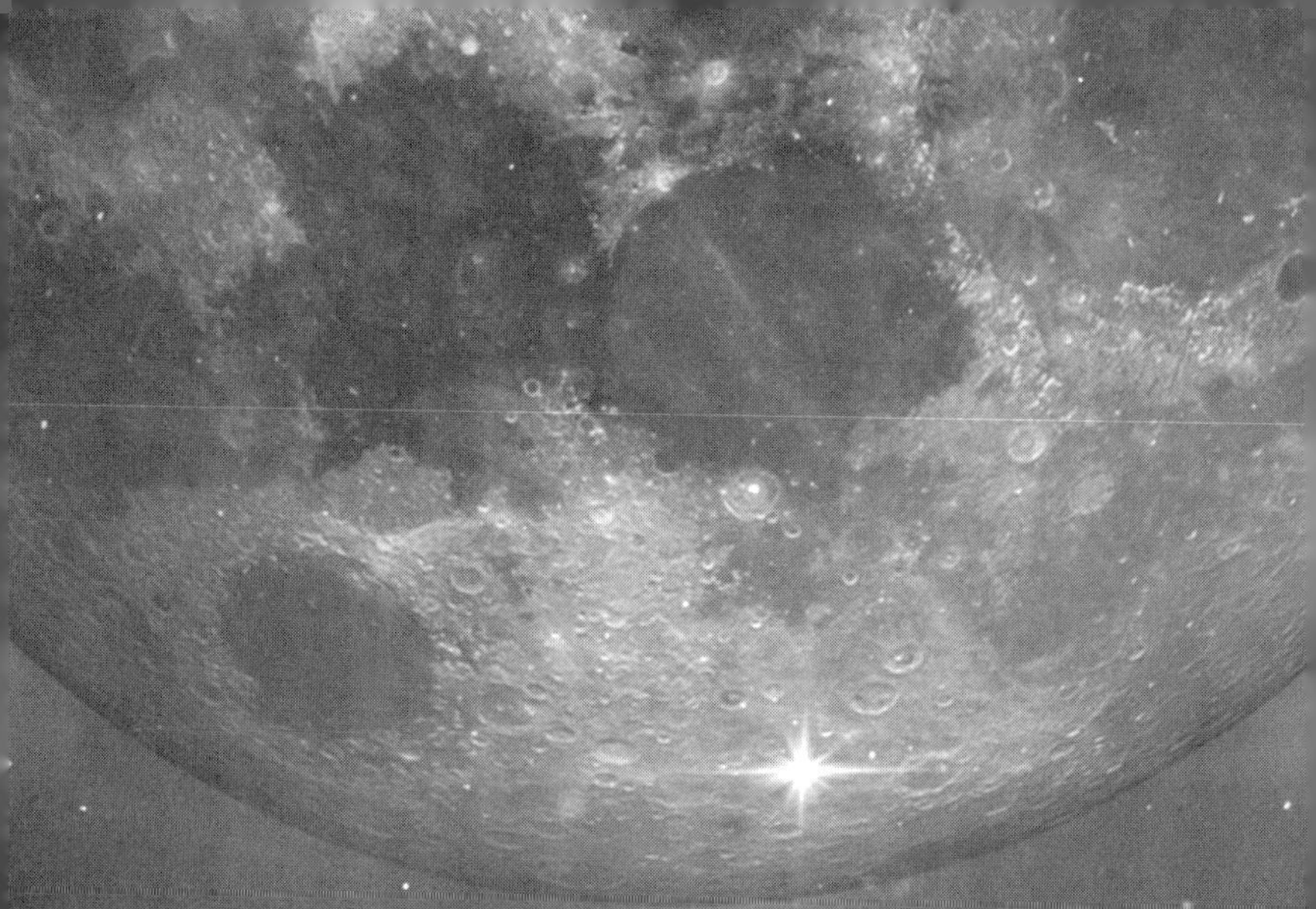

第4章

月の
ホログラムを解く

月のホログラムを解く「月光反転法」

月について新たな角度から語ってきました。

ここまで読まれて、月による悪い影響を知ったとしても、では一体どうしたらいいのか、との問題が残ります。

そこで、本章では月の影響とどうつき合えばいいのか、また、月の悪い影響を受けないためには何をすればいいのか、という観点からお話しいたします。


占星術はきわめて論理的な学問です。原因と結果についてもはっきりした考えを持っています。ですから、月のホログラムを解くに当たっても、その原理を説明するところから始めさせてください。


ではまず、太陽が命を与え、月が命を奪う仕組みを見ていきましょう。

すべての物はエネルギーが姿を見せた形であって、本質は物ではなくてエネルギーです。エネルギーが補充されていれば、物は永遠に維持されますが、エネルギーが途絶えれば、崩壊が始まり、やがて消えてなくなります。要するに死です。

この原理に従わないものはひとつもありません。物であれ人間であれ、エネルギーの法則に沿って存在しているわけです。

しかしこの世には、エネルギーをもたらすケースと、エネルギーを途絶えさせるケースとがあります。

月はまさにエネルギーを奪う惑星であり、太陽はすべてのものに命を与える星です。太陽はエネルギー供給の星です。しかし、私たちは必ずいつかは死にますので、エネルギーを吸収し、奪うものがなければ、その説明がつきません。

それが月であり、**月がエネルギーを奪うために私たちに死が訪れていた**わけです。伝統的にも月は死の星と言われていますが、それは暗喩《あんゆ》でもなく事実そのものであったわけです。

太陽が命を与え、月が命を奪うのです。月にとらわれれば、肉体も精神も弱まり、ルナティックに陥ります。

月は過去を意味するとも言われますが、私たちの意識が過去に埋没するとエネルギーが奪われていくことは確かです。そこには美しい思い出もありますが、美しい思い出でもそこに没頭すれば、やはりエネルギーはなくなります。

また、月は無意識の星とも言われるように、四六時中私たちにある一定の感情を掻き立てさせ、そのことに気づかせないほど私たちの心の中に深く浸透しています。日常が月に支配されるとはこのことです。私たちは、月以外の何らの意識を持たないときは、無意識的存在となり、月の中にあるのと同じです。

月は常に私たちの心の中にあり、日常のモードを心の中で形成させます。とくに意識された思いや行動がない限り、私たちは月にとらわれています。

意識的な生き方をしないと、月は容赦なくエネルギーの収奪を無意識によって行います。意識的な部分が足りない人が、無意識に動かされることは心理学の定説です。

太陽がエネルギーであり、その性質である星座が周波数です。月の場合で言うと、月がエネルギーを奪う星であり、その性質である周波数が月の星座ということになり、すべては説明がつきます。

この世にはエネルギーをもたらす構造とそれを奪う構造とがあり、占星術ではそれを太陽と月とに代表させて持たせていると、何度も語ってきました。

月が怖いとか、月はダメなのか、というような目先のことではなく、こうした正しい構造を知っておくと良いのです。

このように占星術は、真理に直結した正しい構造をした学問であると思いますし、その通りとしか言いようがありません。信じるか信じないかではなく、その通りなのです。分かるか分からないかの違いがあるだけです。

この世には、エネルギーをもたらす力があるので物や人が存在できています。もしそれだけならば、物も地球も人類も永遠の命となります。しかし、この世には、エネルギーを奪っていく力もあるので、物はやがて滅び、人もやがて弱って死んでいくわけです。

占星術では太陽は目指す方向であり、より意識的に生きることと同意です。太陽を獲得するとは、意識的な存在である自分を確立したことになります。

そしてそれに従っているうちは、その人に豊富なエネルギーが注がれますので、成功したり有名になったりするわけです。成功することや有名になることが目的ではなく、意識的に生きない限り、月並み以上のことはできない、ということです。

一方、太陽の光を反射して光る月は真逆の位置に置かれます。太陽が意識なら月は無意識の領域と深く関係します。無意識そのものと言っても間違いありません。

無意識が悪いとかどうのではなく、無意識的に生きていけば、必ずエネルギーを奪われるということです。

しかし、人類が始まって以来、多くの人がエネルギーをやがては失い、死んでいきました。当然のことですが、そうなると月にはこれまでの死者の魂がほとんどあるということで、月は死者の代表としてのシンボルとなります（冥王星との関連はまたいつか機会があったときに語ります）。

そう、みんな月に戻って行ってしまうのです。月は故郷であり、郷愁にかられる存在です。月を感情的に捨て切れる人などいません。

人が元気に生きて、何かを達成させていくには、月は邪魔です。しかし、みんなと仲良く、それなりに生きて、亡き母や父がいる世界に戻ろうとする幻想は月が与えてくれます。

月により私たちは、7歳までに得た知識や体験を真実と思います。しかし、7歳までに得た内容で打ち止めとなりますので、それ以降の発展はないのです。

真実のかけらひとつでもそこにあれば、そこからさらなる発展もありますが、月は反射で影ですので、実体は何ひとつありません。ですから、それを事実と信じている私たちは、常にないものに心を奪われ、不満足なものを気にしながら生きていってしまいます。

そのため、月は消耗と関係し、月の衝動からくる言動により私たちはエネルギーを奪われるようにできています。

さて、問題は次です。では、月はダメなのか、意味ないのか、ないほうがいいのか、悪さするだけなのか、という疑問について、お答えしなければなりません。

月をある程度理解した方が次に思うのは、「じゃ、どうしたらいいの」ということです。

死の星である月を生の星に変える方法があります。それが「月光反転法」です。

月は太陽の光を反射させていますので、月を反転させれば太陽の光になります。月はホログラムですので、ホログラムを反転させればリアルな太陽に戻せるということになります。

月を逆さにし、太陽の光にする

これは私の勝手な判断ではありません。月の伝承をひも解いていくと、月との正しいつき合い方を示すものが、じつはいくつかあるのです。

各地方、地域、国において、月にまつわる見方に共通しているものがあります。月にとらわれることをルナティックと言いましたが、狂気や狼男の伝説との関連です。「月を直接見てはいけない」という風習はけっこう多くあります。

日本にもあり、ホツマツタヱと言われる古書には、月と婚礼の話が出てきます。

婚礼は永遠の絆を求める儀式。その際に、盃《さかずき》を交わすのは、日本に限らない伝統の行事です。ホツマツタヱに書かれているのは、盃は「逆月」であるということです。
婚礼の盃に酒を酌《く》み、酒の表面に月を映して永遠の契りを結ぶ、との記述があります。月は映しですので、そこに実体はありません。しかし月の光を反転させれば、本来の太陽の光に戻るという、理屈を超えた真理です。

逆さの月、これが盃の語源となったのでしょうか。水面に映る月を愛でる風習も各国各地域にあると思います。これら、逆さの月を利用した風習はエネルギー的に正しく、月の危険でない扱い方をよく理解していると思わざるを得ません。

戯曲『ロミオとジュリエット』の中にも「満ち欠けする月に永遠を誓ってはいけません」と出てきますが、ホツマツタヱの逆さの月に永遠の愛を誓うしきたりと共通するものがあります。

月の幻影を逆さにして太陽の光に戻せば永遠の愛が成就するという、エネルギーをよく理解した考えです。

月は太陽の光を反射して地球を照らします。太陽の光は命のエネルギーですが、その光を反転させるために月は真逆の「命のエネルギーを奪う存在」になっています。

ですが、そこをさらに反転させれば、月の光は再び太陽の光へと戻ります。

この原理を応用したのが、月光反転法です。

では具体的に言いますと、あなたの月の星座の示す才能や能力はあなたにはない、ということはご理解いただけていると思います。さらに、人はないものにこだわり続けますので、常日頃から私たちは月の無意識に踊らされていることになり、エネルギーを奪われている、ということもすでにご存じのことでしょう。

月光反転法は、月の衝動に動かされるのを感じたとき、その月星座のように振る舞うことを止めて、正反対の星座のように振る舞うことで、月の力を反転させ、太陽の力にすることができるという方法です。

具体的に12星座にあてはめて語りたいと思います。

・月おひつじ座の人は、反対のてんびん座が反転星座になります
・月おうし座の人は、反対のさそり座が反転星座になります

・月ふたご座の人は、反対のいて座が反転星座になります
・月かに座の人は、反対のやぎ座が反転星座になります
・月しし座の人は、反対のみずがめ座が反転星座になります
・月おとめ座の人は、反対のうお座が反転星座になります
・月てんびん座の人は、反対のおひつじ座が反転星座になります
・月さそり座の人は、反対のおうし座が反転星座になります
・月いて座の人は、反対のふたご座が反転星座になります
・月やぎ座の人は、反対のかに座が反転星座になります
・月みずがめ座の人は、反対のしし座が反転星座になります
・月うお座の人は、反対のおとめ座が反転星座になります

「月光反転法」の12星座解説

では、12星座ごとの月光反転法を見ていきましょう。

月おひつじ座の月光反転法

すぐに怒る、ムッとしますが、感情を出したあとでイヤな気持ちになり自信を失います。

それに気づいたら、**てんびん座をあえて意識する**のです。**ムッとしたら、「それであなたはどう思うの」とソフトに尋ねる。「じゃあ、一緒にやってみようよ」と協調や共同への意識を向ける。**

これにより、月おひつじ座の怒りの反応によって奪われるはずのエネルギーは意識化され、本物のエネルギーとなって本人に戻ります。

月は常々私たちに強制的ですので、人生の苦しみがじつはエネルギー補給のチャンスにすらなります。

とにかく、イラつかない、にこやかで八方美人的なてんびん座のスタイルをまねしてみることです。ついさっきまであったイライラが終息していることがわかるでしょう。これで月のとらわれからかなり脱せるようになります。

月おうし座の月光反転法

常々、五感の満たされない思いにイライラしたり、落ち着かない気持ちでいる月おうし座。自身をお金持ちに見せようとしたり、ゆったり人生を楽しんでいるように見せることで、エネルギーを消耗していますので、真逆の態度を取るといいのです。

集中してなりふりかまわずに何かに没頭してみる。人の機嫌を取ろうとするよりも真実をはっきり言う。何かにつけて断固とした姿勢を示すことで、あいまいなおうし座の月と決別してみるのです。

おうし座の月は穏やかに見えますが、内心では五感の不快さに心を乱しています。そんなときは、**さそり座のように、きりっとし、鋭さを出したほうが魅力的になります。**笑顔でごまかさず、思ったことは飾らず言ってしまうほうがエネルギーが補給された感覚を得るはずです。人生にもひとつの目標を持つことです。

月ふたご座の月光反転法

月ふたご座は、思考力が足りません。考える力がなく、知的な事柄に焦りを抱いて内心では右往左往しています。それが軽い印象を人に与えるのですが、気持ちが落ち着かなくなったら、月に侵されているわけですから、反転星座である**いて座のように**

振る舞えばいいのです。

いて座のようにおおらかに、自分を貴族のような高貴な存在だと思って、そんな気持ちでいることです。それだけで落ち着いた姿勢となり、エネルギーに満ちてくることでしょう。

本当の自分は人間的に立派な人物なのだ、という自己認識も大切です。常々それを意識すれば、自分自身への印象も変わりますし、何より本当にすばらしい人に変化を遂げます。人から軽い人だと思われなくなっていきます。ものごとの道理や社会正義を重視する必要もあり、とくに法律を守ることは大切です。

月かに座の月光反転法

月かに座なら、本当のあなたは家庭的ではありません。家のことや、母としての仕事がつらくて仕方ないでしょう。それでも良き母であり、良き家庭人であろうとすれば、エネルギーを消耗してしまいます。

良き母、良き家庭人となるイメージに追われて苦しくなったら、反対の**やぎ座を使う**のです。

妙にやさしくするより、「はい、これしてね。あなたの役割」というように家族に労務を与える立場に立つと、おもしろいように元気になります。

外へ働きに出るのも良く、むしろ仕事優先で家庭はあとまわしでもいいくらいです。「ごめんね、家のことできないで」と言うほうが、かえって家族はわかってくれます。無理して良き母を演じることで生じる負のエネルギーにより、自身にも家族にも負担をかけてしまっていたのです。

だから正反対のやぎ座を使うのです。そうすると、安っぽい目先のやさしさや感傷、欺まんが消えて、むしろ家族や周囲から信頼されるようになるでしょう。

月しし座の月光反転法

威厳、自信、華やかさを持たないのが月しし座です。自信はないのですが自分のことばかり人に説明したくて仕方ない人です。

しし座を反転させれば、みずがめ座になります。あなたは、月しし座の衝動を感じたときに、みずがめ座の様式を選択すると良いのです。

具体的には、しし座は「自分」が主体ですが、**みずがめ座は「我々」とか「私たち」**

とか、「この社会」とか、「みんなで」が主語となる話し方をします。

そこで**話すときの主語を、みずがめ座的なものに変えて話す**のです。そうすると、いかに自分が自分のことだけをみんなに話そうとしていたかがわかります。

最初は話すことがなくなってしまうことに気づくでしょう。そんなときに、みんな、私たち、という主語とその感覚で話を探すのです。そうするとなぜか自由になれます。楽になれます。楽しくなれます。

できない自分にこだわることのつまらなさがわかれば、もう闇に吸い込まれることはなくなるでしょう。

月おとめ座の月光反転法

何事もきちんとできないのがおとめ座の月です。

批判的な自分を発見したとき、きちんとやろうとしてプレッシャーに押しつぶされそうな自分を発見したときには、**うお座の様式をあえて選択してみる**のです。

「部屋が汚れている……。でも、可能性が広がっている海のようにも見える。汚れた部屋だけど魚のようにグズグズしてみようかな」。こんなイメージを膨らませてもいいでしょう。

批判したくなったらとにかく、「まあいいじゃない」「大目に見てあげようよ」「わからないことは、わからないよ」と言ってみる。人の失敗を見たらやさしく受け入れてあげる、自分にも同じことがあったな、と思い出してみる、

現実を分析できずにわけがわからなくなったときには、「わけがわからなくなったよ、助けて」と人に甘えてみる。

こうした自分を許す態度が、これまでなかったと思うのです。月おとめ座の強制感に、あいまいでうるおいのあるうお座を使って対応してみましょう。

月てんびん座の月光反転法

月てんびん座は、人間関係で悩むことが多くなります。つき合いたい人とだけつき合えばいいのに、あらゆる人間関係を良くしようとして無理してしまうのです。

そのため、とにかく疲れてしまいます。

そんなときは、**おひつじ座に反転してください。**

自分のことだけ考える。自分のことだけ言う。自分の立場をあいまいにしない。

たとえば、「今日は○○時までしかいられないんだ」と最初に言ってしまう。思ったことを飾らずに言うようにする。

最初は、自分にはそんなことできない、と思うかもしれませんが、今日から生まれ変わったつもりで、本能的に自分に忠実になり、日頃の感情を意識してみてください。

他人がどう気にするかなどということは忘れ、自分が何をしたいか、何を思っているかを全面に出して肯定してみることで、生きることがこんなにおもしろかったのかと、驚かれることでしょう。

月さそり座の月光反転法

さそり座の月は配慮がない人を生みます。それは子どものまま成長がストップしているからです。さそり座の月を続けると、どうしても暗い印象、根が深い悩みがちの印象を人に与えます。陰気に見えて人気がなくなります。しかし、本人は決して暗い人ではなく、子どもが大人のまねをしているだけなのです。

本人もこうしたギャップに非常に苦しみますし、人気がない自分に絶望する場合もあるでしょう。

そんなマイナーな気持ちに苦しめられるなら、いっそのこと、**おうし座に変身すべき**です。**にこやかな態度、柔和さ、食べ物や音楽やきれいで五感に心地よいものをゆっくり楽しむ態度など。**陰気先行のあなたの雰囲気が、華やかで、かつ落ち着いたものに変わり、人はあなたに寄って行きたくなります。**性に関しても、おおらかに楽しむだけでいいんだ、と思う**ことで、配偶者もきっと楽になっていくはずです。

月いて座の月光反転法

月いて座の人は絶対に反省しない面を持っています。融通のなさがつまらぬ意地となってさまざまなトラブルをもたらします。**いて座の月の反転はふたご座になります。**ふたご座は気楽で堅苦しくない星座です。**「ああ、あれね、もう飽きちゃったの」と、気楽に自身の信念を変えていく。**社会性などは、本当は月いて座にはないのですから、**あまりむずかしいことを言わずに、学者ぶらない、偉そうにしない、学があるように思わせない。**

気楽で遊び好きな面を持っていることを自分にも周囲にも隠さない。そう思うことで、こだわっている自身の思い込みを捨てることができます。

最初はふたご座のまねでいいと思います。たとえまねでも、やってみると心の自由を感じますので、手応えが出てきます。自分は決して立派な人物ではなく、本当は遊び人なのだ、という意識があなたを気楽にさせ、幸運に導いてくれることでしょう。

月やぎ座の月光反転法

やぎ座の月の人は無愛想で人気がありません。しかし、本当に月やぎ座の人が無愛想であるのとは違います。

やぎ座月は自分を社会や仕事に役立てたいと常日頃思い続けますが、自信もなく、社会に出ることが怖いのです。その思いが暗さとなり、無愛想になるわけです。

正反対の星座はかに座です。 ですから、あなたの感情的苦悩の助け道は、日常的な笑顔や配慮、デリカシー、家族へのやさしさ、いたわり、はにかみ、ロマンにあります。かに座を意識し、常にその言動を取り入れるのです。

仕事で苦しみがあるようなら、気持ちだけでもいいので真っ先に家庭に気を向ける。

人間関係でも情を大事にしてみる。多少お酒が入ったときでもいいので、同僚や仲間の肩を抱き寄せて一体感を味わい、歓びを分かち合ってみる。

そうして人情味たっぷりに振る舞うと、あなたの人生はあっという間に変わるでしょう。人間関係にも急速に楽しみが出てきます。

月みずがめ座の月光反転法

月みずがめ座の人は自分が特別であると思うことを、心の安定のために必要としています。自分は人よりも利口である、人よりもよくわかっている、特別な才能が自分にはある、こうしたことを思いたいのですが、本当はそんなものはありません。ただそう思わないと心が安定しないだけです。

深く理解した様子で、おとなしく、みんなとは違うオーラを出していますが、自分のほうから何かを訴える、語りかける、ということはしません。内容がないからです。

この人はしし座を使わなくてはやがて行き詰まります。悪びれずに自分のことを語り、**人にも堂々と反対意見を唱え、気前も良くしてみる**ことです。あなたが、堂々としし座のように自分の考えや思いや意見に使ったら、周囲は最初こそびっくりしますが、必ずあなたについてきます。魅力が出てくるからです。

あなたの態度、言動にしし座が入ることで、生まれ変わった本物感が漂っていき、ノイローゼ的な心の状態からも見事に抜け出すことになります。

月うお座の月光反転法

太陽うお座は神秘性、一体感、魂の永遠性などを感じ取る感性を持っていますが、月うお座の場合はそれがないのです。神秘能力や見えない世界とつながる能力や力があると思いたいだけです。

反転させたおとめ座で克服してください。

おとめ座は現実を重視します。このケースではこうなることが多い、この可能性は何パーセント程度あるからおもしろいよね、など、枠組みのしっかりした現実的な考え方をすること。 たとえば人への助言も「この程度のお金しかないのにこんな生活をしていたら、あと半年も持たないよ」と言ったほうが、ずっと信頼性が増すわけです。

現実について考え、語る、そうした思いで日頃意識して生活すると、周囲のあなたへの信頼はグンと高まり、何より、自分自身を信頼できるようになります。

日頃のやるべきこと、掃除、義務を果たし、職務、清潔、こうしたことに気を向けることです。そうしたものを軽く扱わないで暮らすことです。

12星座別の月光反転法、いかがでしたか。

月星座が示す素質や才能、価値観は幻影であり、本物とは違いますので、それにこだわり続けることで、私たちはエネルギーを月に奪われていきます。

かといって、月を完全に無視することもできませんし、太陽に頼むとしても、太陽意識の獲得度合いは人によって異なります。また太陽意識を獲得したとしても、加齢や病変により、エネルギーが衰えたところを月につかまります。

結局、月の原理を理解しておくことがやはり重要なのです。**月の原理を理解しておけば、自分が何に捕まりやすく、どうエネルギーを奪われるかのパターンがわかります。**一時的にエネルギーが落ちたときでも、自分に働く月原理がわかっていれば、みすみす捕まりきることはなくなるからです。

私たちは常日頃、意識化しているとき以外は、すべて月に支配されていると言ってもいいでしょう。そのため、月の落とし穴がいろいろな形であるわけです。ただ、月にとらわれている際の私たちが感じる反応は正確です。

月にとらわれてエネルギーを奪われている際の私たちに訪れるものは、不快感であり、焦燥感であり、不安であり、恐怖であり、未来への恐れです。

こうした感情を抱いた際に、月光反転法を使えばいいのです。月光反転させた意識的態度で日常を生きることがもちろんベターです。

心理学の目標は、意識化した態度で生きることで自身の人生を生きられることだと言ってもいいと思います。月の無意識にのまれないことが大切なわけで、その際に月光反転法を理解し、日頃実践していれば日常の生活が意識的となり、光輝いてくるでしょう。ぜひ試してみてください。

月光反転法は、地球と月との関係において業のように働く月を、太陽から見た形でとらえ直す方法です。

太陽から見たら、おひつじ座とてんびん座は同じ方向であり、おうし座とさそり座は、ふたご座といて座、かに座とやぎ座、しし座とみずがめ座、おとめ座とうお座も同じ方向にある同じ星座なのです。

月星座の才能や能力を奪われはしますが、反転させて太陽方向からみれば、本来は反転星座に月に奪われない命の種は眠っています。それを応用した月光反転法をどうぞ自分のものとし、今後の人生で生かしてくだされば、きっと良いことだらけになっていくと思います。

可能性のみが表れる「月なしホロスコープ」の作り方

占星術で扱う10の惑星の中で、月だけは異質です。他の9つの惑星には何らかのパワーや実際の力がありますが、月はそれ自体にエネルギーがなく、他の9つの惑星から吸収する星なのです。

そのため、月は基本的に人に良い影響を与えることはありません。

月がなかった時代の地球がユートピアであると考えられるように、月の存在はホロスコープにおいても他の惑星の力を奪い滅失させるように働きます。

そのため、**「月のないホロスコープ」こそが、前向きで邪魔されることのない、その人の生まれつきの可能性を暗示している**と考えることができるわけです。

月のないホロスコープこそ、私たちの無限の可能性を表していることになります。

そこで、「月なしホロスコープ」を作ってみましょう。

通常のホロスコープの月の位置に、ホロスコープの用紙と同色の紙を置いて月を隠してしまってください。

もしくは、通常のホロスコープを別紙に書き写す際に、月を入れない9つの惑星によるホロスコープを作ります。

そうすることにより、**可能性のみが示される本当のホロスコープ**ができます。

そこに表されたあなたには、悩みは存在せず、焦りもなく、消耗するものもありません。純粋で力あるもののみが示されています。それが本当のあなただったのです。

昔から、物の形をかたどった象形には何らかの意味が込められていると考えられてきました。象形には何らかの力があると考えられてきたわけです。

たとえば神聖な文字や形は、それを見ているだけで見ている人に力が加わるという働きがあります。

ホロスコープを読み取ってご自身の才能や可能性を見つけることは重要ですが、それ以上に、**ただ「月なしホロスコープ」を見つめるだけでも、9つの惑星が織りなす形からやってくる力が注がれる**ことになります。

具体的には、ご自身の「月なしホロスコープ」を額などに飾り、眺める機会を増やすことをお勧めします。

また、ノートの表紙や、スマートフォンの待ち受け画面にするなど、「月なしホロスコープ」をぜひとも身近なところに置いて、いつでも見られるようにしてください。**形象的なイメージが潜在意識に伝わりますので、能力全開となり、あなたの可能性が広がる**ことでしょう。

また、「月なしホロスコープ」をご覧になることで不思議な瞑想状態となり、そこから訪れる神秘の力に触れることができるようになるでしょう。

自分を知りたいとき、可能性を開きたいとき、困ったとき、これからのことを考えるとき、そんなときは「月なしホロスコープ」に問いかけてみてください。

9つの惑星と「月なしホロスコープ」の効果

ホロスコープには月以外では太陽、水星、金星、火星、木星、土星、天王星、海王星、冥王星の9つの惑星が表記されています。

9つの惑星には左記の能力や可能性が秘められていますが、月がそうした惑星のエネルギーを奪う働きをしています。

せっかくさまざまなエネルギーを持ち、可能性を持っている私たちですが、大抵の場合、それが発揮されることなく生涯を終えてしまいます。

ですが、「月なしホロスコープ」があれば、9つの惑星が持つ能力や可能性が生きてきます。

そこで、9つの惑星はどんな能力や可能性を持つのかを見ていきましょう。

【太陽】

生きる力を与えてくれる星です。太陽があるおかげで私たちは何があっても再び生きる方向に立ち直り、元気になることができます。

月はこの太陽の力がとにかく欲しくてたまりません。太陽になりたい月は太陽のエネルギーを奪うのを大きな目的としており、日々、太陽からエネルギーを奪い続けています。

太陽は生きる意欲とその力を持っていますので、私たちは太陽を働かせることができれば、能力を全解放し、ひとかどの人物となったり、成功したり、出世したり、健康や楽しみ、存在感のある人物となり、称賛される人生になります。

しかし多くの場合、太陽の力が奪われますので、なかなかそうはなりにくくなっています。


【水星】

水星は知的なコミュニケーションや対人関係をスムーズにする惑星です。そこから月がエネルギーを奪えば、知的コミュニケーション、及び対人関係での悩みが生じやすくなります。

【金星】

金星は愛の星です。私たちは金星があるお陰で、人を愛したり、愛されたりできるわけです。その能力が損なわれた場合、愛と縁のない生活、うるおいのない生活を余儀なくされます。楽しみ、うるおいと安らぎがない人生にならないためには、金星の能力を発揮しなければなりません。

月はもちろん金星からもエネルギーを奪います。

【火星】

火星は戦いの星です。人生には面と向かって戦わねばならない状況や相手が出てくることがあります。

そんなときに尻込みせずに立ち向かえるのは、火星の力を使っている場合です。

この火星の力がないと、もめごとから逃げるばかりで結果、損をしたりイヤな思いを抱いたり、負け犬になったり、自分に自信をなくしたりします。

また、火星は愛する相手を獲得する力を持っています。戦いには愛情も含まれるわけです。火星の力が弱ければ、愛する相手を得ることがむずかしくなります。

月と火星が関係すれば、火星の悪い面ばかりが目立つことになり、結果として愛情面でもライバル面でも、目的の達成という場面においても弱い人になってしまうでしょう。

月により火星のエネルギーを奪われた生涯は、人柄は良くても誰からも一目も置かれないものとなり、本人の心にも鬱屈したものがつきまとうようになります。

【木星】

木星は成功の星です。拡大と発展は木星なしにはできません。ですから、木星は最大の吉星と言われます。

木星の力は非常に大きいので、月と関係しても最悪な結果はもたらしませんが、評判倒れになったり、「言われているほど大した人ではないね」というような見られ方をされたりすることが多くなるでしょう。

日々の円滑さの中にその人を閉じ込めてしまうように働きます。

本当は大成功する可能性を、ありふれた人気で抑え込み、大したことをさせないようにあなたの印象づけを行います。人は良いが結局は大したことができない、そんな生涯に導くのは月の影響です。月はあなたから、成功や大発展へ向かう力を巧みに奪う働きをしています。

【土星】

土星は制限の星です。制限があるということは、一見悪いようですが、制限下では着実な成果を与える星でもあります。ですから、土星の力が発揮できれば、確実な物や情報や状態を得ることができ、着実に土台を築いていけます。

それが月のエネルギー奪取により、安定を崩されることになります。せっかく長年にわたって築いてきた土台を台無しにしたり、夢を見せて不運に導き、今、持っているものを失わせたりするのは、まさに月の影響です。

一時期成功した人が無残にも失脚したり、汚名を着せられて地位を追われたり、財産を失ったり名家を没落させたりするように働きます。

【天王星・海王星・冥王星】

この3つの惑星は近代になって発見された惑星で、肉眼では見えません。そのため潜在的な影響を与えることになりますが、肉眼で見える土星以下の惑星に劣らぬ大きい影響力を与えます。

しかし、月との関連ではその影響の表れ方が多彩すぎるため、個別の解説は難解です。

天王星から月がエネルギーを奪えば、ただの変人にされ、本当の天才的能力はかき消されます。

海王星から月がエネルギーを奪えば、その人を狂気に導きます。高度の芸術性よりも狂気じみた面が強調されて一般の生活に支障をきたすでしょう。

冥王星から月がエネルギーを奪えば、自分はすごいと思う意識が強まり、自分を特別視することで集団から孤立し、ひとりでは実際には何もできない人になります。気位の高さだけはある、社会離脱者となる危険が出てきます。

以上、月はすべての惑星からエネルギーを奪いますので、「月なしホロスコープ」という本当の能力のみが記されているものは非常に有益です。

それを眺めることで、象形的な星の配置からくる力があなたの可能性を邪魔されることなく発揮できるように導いてくれることでしょう。

月光反転と幸運を呼ぶファッション

着る服が人の運勢に影響を与えている、ということはよく言われます。実際、自分で振り返ってみても、黒い服が好きでよく着ていた時期は、あまり運勢的にも良くなかった印象があります。

色の良し悪しは人によって異なりますので一概には言えませんが、人には合っている服もあれば、場合によっては不吉となるファッションもあります。

これは月星座にも言えることです。

月星座は、本当はその人に合っていないにもかかわらず、自分自身ではそれが合っていると思い込ませます。「好き」と感じるようになっていますので、服やファッションに関しても同様のことが起こります。

月星座のファッションは運が向かない、良くないファッションなのですが、それに固執し、月星座のファッションを好む人が多いのも事実です。

そうではなく、本当は月光反転と同様、正反対の星座をファッションに取り入れるとうまく行きます。魅力が断然出てきます。月星座に従うと月並みでパッとしない印象で野暮になりますが、反転させて反対の星座を使うようになると、見違えるようになり、運勢もよくなりますので、ぜひ応用してください。

ただし、今回は紙面の都合もあり、12星座が示すファッションを具体的なイラストなどで仕上げることができませんでしたので、ぜひともさまざまな12星座のファッション情報をネットなどでお調べの上、ご利用いただけたらと思います。

ここでは原理的な説明のみとさせていただきます。

いずれ、月星座反転ファッションを、豊富なイラストも入れて1冊の本にしたいと思うほど、これは効果が期待できます。

月おひつじ座の幸運を呼ぶファッション

月おひつじ座の人は、**てんびん座的なファッション**を取り入れてください。

おひつじ座は野生的でワイルドな星座です。月がおひつじ座にあると、そうしたファッションに関心が行きますが、必ず野暮な印象を与えます。**ワイルドではなく、正反対のてんびん座が示す、おしゃれでセンスのある美的なものが良い**のです。

おひつじ座の色は赤ですので、真っ赤なアイテムだけは絶対に使ってはいけません。

月おうし座の幸運を呼ぶファッション

月おうし座の人は、**さそり座的なファッション**を取り入れてください。

おうし座は土着的でもっさりして愛着のある星座です。月がおうし座にある人は、そうした素朴なファッションに関心が行きがちですが、それだと単なる田舎者になります。

正反対のさそり座が示すファッションが良いのです。セクシーで妖しく、体型を感じさせるような思い切った服や、逆に目立たない色を主流にした機敏に動けるようなファッションに着目すべきです。

月ふたご座の幸運を呼ぶファッション

月ふたご座の人は、**いて座的なファッション**を取り入れてください。

ふたご座は淡い色の軽々とした星座です。月ふたご座の人もそうした軽々とした都会的なファッションに傾きがちですが、そうなると品性がまったく感じられない印象を与えます。バカさ加減が露骨になります。

反対のいて座イメージをファッションに取り入れることです。学者肌の真面目そうなスーツやどこに出ても問題ない良家風の服などでしょう。

月かに座の幸運を呼ぶファッション

月かに座の人は、**やぎ座的なファッションを**取り入れてください。

かに座はフェミニンで女性的な星座です。月かに座の人もそうしたファッションが好きで、レースやヒラヒラした女の子らしいイメージにこだわりますが、それだと決定的にダサくなります。

反対のやぎ座的なイメージがあなたを引き立てるのです。事務的で労働着風、よくできる人だと思われるような機能的なスーツスタイル、作業着すら格好よく見えるようになります。

月しし座の幸運を呼ぶファッション

月しし座の人は、**みずがめ座的なファッション**を取り入れてください。

しし座はゴージャスで派手で大胆な星座です。月しし座の人もそうしたファッションに憧れますが、結局は大胆さを維持する力量に欠けるため、派手な服に似合わないコソコソした態度をとり、おかしなことになります。

反対のみずがめ座のサイケデリックなファッションがいいのです。風変わりで他の誰も着られないようなインパクトのある服など、とてもかわいく見られます。

月おとめ座の幸運を呼ぶファッション

月おとめ座の人は、**うお座的なファッション**を取り入れてください。

おとめ座は清潔で機能的な星座です。月おとめ座もそうした清潔で簡素なオフィススタイルに憧れ、確かに最初は似合います。しかし、服の袖口に汚れや食べ物のシミがついたりしても気にしないため、印象はあっという間に驚きに変わってしまいます。

最初から汚れようがひっかけようがかまわない、海のように漠然としたうお座的ファッションですと芸術的ですばらしく見えます。

月てんびん座の幸運を呼ぶファッション

月てんびん座の人は、**おひつじ座的なファッション**を取り入れてください。

てんびん座は美と調和の星座でとてもおしゃれです。月てんびん座の人もそうしたどちらかと言えば伝統的なおしゃれに憧れますが、どうおしゃれしていいかがわからないのが特徴です。

思い切って反転星座であるおひつじ座をまねてください。スポーティで野性的、飛び跳ねるようなイメージのファッションで、振り切って生きていくようなスタイルがいいでしょう。

月さそり座の幸運を呼ぶファッション

月さそり座の人は、**おうし座的なファッション**を取り入れてください。

さそり座は静かであまり声を出さず、一見何を考えているのかわからない印象を周囲に与えます。月さそり座の人も知らぬ間に自分を目立たなくさせており、目立たない色で身を包みます。しかし、それだと単なる地味な人に見られます。

ですから、反対のおうし座的な要素を取り込む必要があります。良い生地、素朴なファッションで、まるで良家に育った人のようなイメージを念頭に置くといいでしょう。

月いて座の幸運を呼ぶファッション

月いて座の人は、**ふたご座的なファッション**を取り入れてください。

いて座は学者肌で、けっこう堅い印象を人に与える場合があります。月いて座の人もそうした真面目な印象の服を着る傾向がありますが、まるでダメです。

反対星座のふたご座を取り入れ、都会的で軽々としたイメージをファッションに取り入れてください。紺色や黒、グレーなどの一般色はやめ、軽やかな薄い黄色やピンク、薄いブルーなどを重視してください。

月やぎ座の幸運を呼ぶファッション

月やぎ座の人は、**かに座的なファッション**を取り入れてください。

やぎ座は実質的で労働に適した星座です。月やぎ座の人は無意識のうちにそうしたイメージのファッションにはまって身動きが取れなくなります。

高価だからといって大昔に流行したような服を着ていたり、地味な労働者風のスタイルで目立たなくするのはやめ、**女性的でフェミニン、レースやフリルを強調していいのです。かわいらしいあなたはもてはやされるでしょう。**

月みずがめ座の幸運を呼ぶファッション

月みずがめ座の人は、**しし座的なファッション**を取り入れてください。

みずがめ座は風変わりで個性的でエキセントリックな星座です。月がみずがめ座にある人も変わった服を好みますが、完全に浮いてしまいます。

そうではなく、**反対のしし座的なファッションを取り入れると良いのです。豪勢で華やかで、パッと目を引く大胆な服。パーティーなどでは背中を大きく開けて王女のように振る舞うと絵になる人です。男性は高級な衣装が似合います。**

月うお座の幸運を呼ぶファッション

月うお座の人は**おとめ座的なファッション**を取り入れてください。

うお座は夢見るロマンチストです。月がうお座にある人も自分をそういう人だと思いたくて、ファッションでも夢見る少女のような思いを入れ込みます。しかし、まったく似合いません。

反対におとめ座的な事務的で簡素で清潔感あふれるファッションが良く似合うのです。男性はどこか怪しく見えるような服装をやめ、きりっとしたスーツにすると、信頼されるようになります。

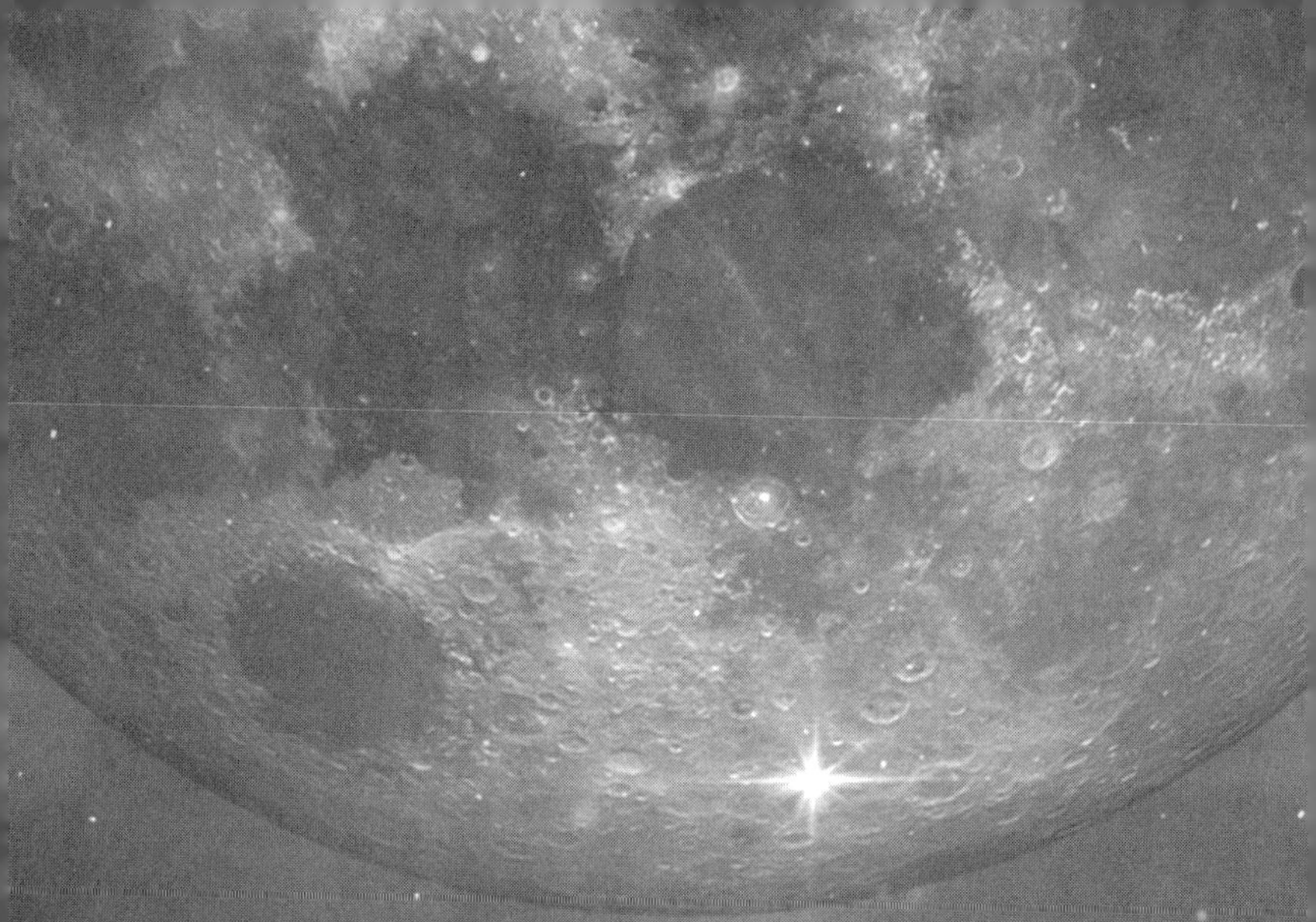

第5章

月はなぜこの世界に存在しているのか

月は人類の味方か、それとも敵なのか

月についての私の意見と考えは、多くの方々の賛同を得たと同時に、異常なほど反発されて興奮される方も生みました。月が幻影であり欠損を示すことを、自身の理解へとつなげる人と、受け入れがたく感じられる人がいるからです。

月についての私の考えは、後世の判断に委ねるとして、私は私が考える月について話を進めさせていただいています。

それが、月は欠損であり、私たちにないものを示す、というもの。ですが、まったくないわけではなくて、月の年齢域に当たるおよそ7歳頃までに得たり覚えたりしたものは、そのまま残ります。

しかし、7歳程度の子どもの理解した内容は、深い理解や習得に当たりませんので、月はその後の人生における欠損として働くことになります。すなわち月の星座が示す事柄や才能の欠損です。

月のキーワードはその人にとって未熟で決して成長し得ない能力を示します。

一方、太陽が個性と言われますが、その獲得レベルは幾層にも分かれており、さまざまな経験を通して成長することで、より個性を輝かせていくことが可能です。

しかし月は得るものではなく、欠損としてスタートするものですので、どんな優秀な人であっても月の欠損は公平に与えられるのです。太陽星座の個性には大きなばらつきがありますが、月星座については、すべての人が該当し、欠損として的中したものとなります。

ただ幻想にしがみつく人はそのことがわからないかもしれません。冷静に正直に見つめれば、月が欠損を示すことは確実であり間違いないことなのですが。

では、なぜ月はそのようないたずらというか、人類に本当の意味での試練を与えるのでしょうか。月が悪いのでしょうか。

そうではないのです。

月は正直に素直に物事を映し出す鏡です。映し出すものが、7歳の子どもが理解する範囲のもののみというだけです。子どもが見たままの、子どもじみた世界をそのまま月は映し出しているのです。

それはこの世の幻想性から私たちの人生がスタートすることを意味します。

もしもリアルな理解から人生がスタートしたならば、地球には悲しみも失意もない、動植物のような人生がスタートしたことでしょう。そうなると、人間も動植物と同様に一切の進化も変化もない人生を余儀なくされます。

それはすばらしい星ではあるものの、そこに住む人間には何ら変化のないものとなったことでしょう。

しかし幻想からスタートすることにより、私たちはそのベールをはいで、だんだんと真実へと突き進む以外に道はなくなります。

この地上は、幻影が占める割合が多い分、それに気づくことでリアルに至る構造をしているわけで、その立役者がまさに月なのです。

地球で真実を見ることができたなら、はじめから覚醒環境にいたそこら辺の宇宙人以上の大きな習得が可能になるわけです。

おそらく大勢の人の魂は、ほとんどが月の幻影で生涯を終えさせられる可能性を知りつつも、この地上での覚醒を目指して、率先してこの地上に生まれ落ちてきた魂であると思われます。どうかみなさん、頑張ってください。

月の影響を知り、その幻影から醒めることで、月によって失わされていた月の星座を獲得し、全体性を得ることで私たちは地球を去っていくことになるのでしょう。

月は例外なく欠損を与えますので、私たちは月ではないものによって欠損となっている星座にアプローチするしかありません。そうすることで、改めて、欠損星座を獲得することを目指し、その先に全体性を得る道が与えられているわけです。


最初は、**月星座のキーワードの反転星座を得ることで、月にのまれることのない状況を作ることが大切**です。

そして次に、**月に替わるものによって、一から月星座に取り組み、さらに深い理解に至ることで、私たちは全体性を獲得することができる**ようになります。

月が悪いのではなく、月は正直だったのです。

ただ、映し出したものは間違ったものだったのです。そこから人生をスタートさせた地上は、類まれな本当のめぐみに満ちた星となります。

悲しみの星である地球は、悲しみのすべての原理と実体を理解できる唯一の星です。

そこにいるあなたは、本物の勇気ある魂の存在です。あなたは選んでここに来たのですから。私たちは仲間なのです。

月はいつでも私たちを呼んでいる

月について述べてきました。そのすべては、月は7歳までに得た最初の自分像であるということです。

しかし7歳までに得た自分像は主に母親からほめられたい、という動機の下に作られた自分像でしかありません。

7歳以降は水星が支配する時代になりますので、月の自分像は原型として自分の中に固着し、自分は月であるとの思いをその後も強固にしていきます。その結果、7歳以降においても、私たちはあらゆる場面で月を通した眼鏡で自分を見つめることになります。

月の性格や能力は、母により作られた本当の能力や性格ではありませんが、その印象は固着して深められ、一生涯にわたって私たちは月と関わる自分像を描き、それによって苦しめられます。

印象は固着して変更が利きませんので、意識的に月の性質や能力を深めることができません。あくまで7歳児が持つ月の自分像の能力程度のものしか発揮することはできません。

物まねがうまいか下手か、程度の能力を月は私たちに与えているわけです。

しかし、幼少の頃に得た自分像はインプリンティングそのものですので、強固に、またかたくなに自分であると主張します。印象を乗り越えられたら問題はないのですが、月は常に最初の自分像であり、私たちはとくに意識的になれない際には、必ず月の自分像に戻ってしまうようにできています。

とくに病気のときや心細いとき、未来への希望がないとき、老人になり力も意欲も衰えたときなどに、やさしい故郷のように月は私たちをとらえ始め、人生終了のプログラムに入らせる恐い働きもするのです。

逆に人生において前向きで積極的、元気がある日々を送っているときは、月の自分像にとらわれることは少なくなります。

ただそうした場合でも、ふっと気がゆるんだり、とっさに弱気になったり、何か迷妄が襲った際に、月はスルスルと私たちの心に入り込んできます。最初の自分像は決して消えることはありません。意識的なものがなくなり、私たちが弱くなったとき、月は常に「おいで、おいで」と手招きしているわけです。

長らく使っていなかった引き出しの中から、古い物が出てくると、誰でも懐かしさで胸がいっぱいになります。

同じ物を見てもそこに魂をとらわれるときと、そうでなく、単に「ああ懐かしいな、こんなのあったな」と言って、捨ててしまえるときがあります。でも、魂を奪われるときは月にとらわれているわけで、意識的な活動がないときなのです。

月は意識作用の前では完璧に無力となります。意識的な行動と活動が多い時期において、私たちが月にとらわれて人生終了のプログラムを開始することがないのは、そのためです。

月の時代から太陽の時代へ

占星術では「〇〇の時代」という言い方をよくします。最近では「風の時代」と言われることが多く、それは、木星と土星が同じ風の星座を運行することを言います。
今はみずがめ座に木星と土星が同時に運行します。みずがめ座が風の星座であるところから、風の時代と言われているわけです。

木星と土星が同じ星座になることをグレートコンジャンクションと言い、風の星座でのグレートコンジャンクションの影響は今後100年以上にわたって続きます。
これはとても長い期間ですが、占星術にはさらに長い時間経過を意味するものもあります。

有名なところでは、みずがめ座時代（アクエリアスエイジ）と呼ばれる地球の歳差運動からくる長期間の周期で、それは全部で2万5000年という気の遠くなるほどのサイクルです。イエス・キリストの登場以降、これまでがうお座時代であり、今後はみずがめ座時代がスタートするわけです。ひとつの星座期間は約2100年になります。

これまでのうお座時代は宗教支配の時代で、金融も経済も宗教と同じ信念体系から来る同質のものでした。ですから、信じることを強要された形で、私たちは不自由な時代を生きていたことを意味します。

そして今、みずがめ座時代に切り替わり、それはすべての秘密を知り、アイノウの下、目醒めた人類の時代が始まることを意味しています。

風の時代はまさにみずがめ座時代の幕開けと言えるでしょう。

そして、さらに大きな時代変化もあります。それは、**月の時代が終わり、やがて太陽の時代が始まる**というものです。

月の時代とは、幻想を現実と思う物質全能時代です。しかし月には本質はなく、本当の命はありません。命のエネルギーをあるところから奪って輝く星が月です。月の時代には本物のエネルギー作用はなく、まねごと、うわべ、嘘が横行する地球文明となります。

そして、それは見かけだけで命がないため、衰退していく運命となります。

代わって訪れるのが、**本質と時代が合致した正真正銘の目醒めた太陽の時代**、になります。

月の時代の到来は世界各地における聖者やヨギが語っていたもので、まさに今が月の時代の終わりに当たります。

奇しくも月の欺まんが暴かれ、月自体の影響が闇に落ちていく流れの中で、やがて人類を苦しめた月の時代は終えるときを迎えているのです。

本書はこうした時代に解明された月理論により、月時代の終焉《しゅうえん》を予知したものともなりました。不思議な縁としか言いようがありません。

知ったらおしまいと言われるように、月も知ったらおしまいの運命から逃れることはできません。ひとりでも多くの方が月による支配を脱し、本当の自分の人生を生きていけるよう、願うものです。

集合意識へ通じる道を与えてくれる星

成長し、新たな体験をし、そこからいろいろなものを吸収し、感動もし、さらなる価値を見出していけば、自分という意識が新たに生まれ、その力のほうに私たちは進みます。

それはきわめて健全な方向であり、どこまでも発展する可能性がある自分の獲得となります。そうしたものがないとき、私たちは月にとらわれます。

月は失敗しても、人から嫌われても、お金がなくて心細くても、何の喜びがなくても、最後に行き着ける自分像であり、そこはあたかもやさしいゆりかごであり、本当に戻るふるさとのように感じられます。

ですから、月が自分だと思えば、月の示す能力も才能もそれが本当の自分であるかのように錯覚します。しかし、月は実体のない幻想であり、具体的には私たちにないもの、欠損しているものを暗示します。

そうした月をはずし、他の惑星が持つ個性を意識した活動や努力を重ねることによって自分という本物の個性が育っていきます。


では、月は一体何だったのでしょうか。

月は全体に、全員に、集合した意識に通じる道を与えてくれる星だったのです。月は自分ではないけれど、月を通して私たちは全員の無意識に働きかけ、全員の心に訴える力があるということです。

月が大衆そのものであり、人気と関係するのもそのためです。月が自分だと思って活動していけば、必ず敗北に終わりますが、なぜか人気だけはけっこうある、というのが不思議でした。月を使わないと人気は出ません。そこに秘密を解くカギがあります。

人気、大衆の無意識に働きかける力の存在です。人類の歴史も優秀な人がひとりいて、その人がリーダーになってみんなを引っ張ったのではなく、たとえそう見えても、そこには大衆に共通する思いがあってこそのことだったはず。リーダーは単にそれを応用したり利用したりしただけです。

この大衆性には基本的には知性はなく、意識も非常に低いのが一般的です。現代はそれがひどく、コマーシャリズムや政治にもこうした大衆操作の方法が使われていることは間違いありません。

この大衆操作に負けて時代はどんどん一部の人だけが得するようになり、大衆は苦しくなっているわけですが、この大衆性が最終的な事象を決めていくことは事実なのです。

いくら国が戦争をしたがっても、大衆が戦争に反対したら戦争はできません。他国が悪い、他国がこんなことをしている、というような情報を操作して作り上げ、大衆に働きかけてそれに成功すれば、戦争が起こせます。

すべての時代を解くカギは大衆が握っているのです。しかし大衆は操作されやすく、いつも一定の方向に操られ、結果的に大衆が損をしてきたのが人類の歴史です。

私たちは月を自分だと誤解したところから、自分自身を見誤り、社会や時代を見誤ってきました。

すべては月が自分だと思う、その代償行為としての結果でした。戦争もその通りです。

しかし大事なことは、私たちの月は自分ではなく、月は大衆にアクセスできる唯一の道であったということです。それを一部の企業や政府に使われて私たちはひどい状況に追いやられています。

すべては月が自分だと思っていることから来た道であり、結果です。

月が悪かったわけではないのです。私たちが月の使い方を間違えていただけです。月は7歳までの子ども時代に培った思いを純粋に持っています。ですが、7歳の子どもには社会に通用する能力も才覚もありません。

ただし、7歳までの子どもにしか持てない、もっとも重要なものがあります。子どもの純粋な思いです。

月にはその後の社会的な価値や発達、意識の拡大という重要な要素まで捨てさせて、守ったものがあったのです。それが私たちの月が持つ、たったひとつの決して汚されることのない純粋性です。

その純粋性では商売することも、上手に振る舞うこともできません。

しかし、純粋さだけは、それができないだけに残されているのです。たとえ大人になりずるさを知っても、**自分の月の持つ、純粋な思いを捨てることなどできないようになっている**のです。

そしてそれこそが、唯一、**大衆を動かす力となる**ものなのです。大衆が動かなければ、ムーブメントもないし、大きく時代が変わることもありません。何より、月は、全体が、全員が救われなくては意味がないことを私たちに語るのです。

月は自分のために使う星ではない

太陽の力で、意識の力で、私たちはどこまでも発展することはできます。また、それは宇宙の大原則であり、絶対的に重要なものです。自己実現にまさるものはこの世に存在しません。

しかし、月はあえてこう言うのです。

お前が救われて解脱するのも良いだろう、だが残された人間たちはどうなるのだ、みんなお前と同じ、子ども時代に残されるのだぞ。

そして月は私たちに絶対に変わることのない、7歳の頃の純粋性を失わせないために、ひとつの救いの道を残したのです。大衆に訴える力です。

集合意識に訴える力を私たちは月を通して持っているのです。

月は自分ではなく、集合体としての命を生きていくことを私たちに強制しているののです。**自分も他人も同じなら、私たちの全員が救われる以外に道はない**のです。

その立役者が月です。

月は確かに集合意識を使う企業体や政府に独占的に使われることがあるため、悪い物になる場合が多いです。しかし、純粋な訴えがそこにあれば、月の力で私たちは大衆の意識を変えることに成功できるのです。

月はそもそも自分のためには使えない星なのです。自分が良くなろうとして使っていたので苦労が絶えなかったのです。

月を大衆の幸福、大衆の解脱のためにいかに使うべきなのか。そこを理解してこそ月の本当の感動があります。

私たちは月を7歳の子どものレベルでしか使えません。しかし純粋な思いだけは使えます。**大衆を動かせるのは、子どもの純粋な思いだけ**です。

――誰でも幼子のようにならなければ天国に入ることはできない。

これはイエスの言葉ですが、本当にその通りなのだと思います。

純粋な思い、それは不得手なことでもあります。不得手でうまくできない、その子が純粋な思いを発する、常にそうした思いで世の中に存在している、そのことが大切だったのです。

月が伝える純粋な思いを知る

月がおひつじ座にあれば、自分が英雄やリーダーになっても失敗に終わります。

しかし、「この世には立派な英雄がいるはずだ、立派なリーダーが私たちを救ってくれるかもしれない」、という思いを純粋に持ち続け、ことあるごとに、汚れたものに憤り、ずるい生き方をする人をおかしいと思い続ける。

何もできなくても、そうしたおひつじ座の月の思いが集積・伝播して、必ずいつか大衆にまで伝わるのです。

それを、自分が偉大な英雄である、と思おうとすれば、自滅の道が始まるわけで、月をどのように使うかが問われます。自分のためか、大衆（みんな）のためか。

月がおうし座にあれば、おうし座はお金が欲しい、所有したい、星座です。
それを、「この世の中になんでおいしくて温かいご飯が食べられない人がいるの？」という7歳の子どもの思いに立つことで、その思いが伝播しだすのです。自分が欲しい、物を得たい、と思うので、達成できずに苦しんでいたのです。

月がふたご座にあれば、ふたご座はコミュニケーションの星座ですので、欠損から自分ではあまりうまく話したり、書いたりすることはできません。
しかし、この世には学べない子どもがいる、勉強したくてもその機会を与えられない子どもがいる、との純粋な思いがことあるごとに訴える力へ変わるとき、それが稚拙であればあるほど、月ふたご座の思いは相手に伝わるのです。それを、自分がうまくしゃべろう、うまく書こうとするから敗北していただけなのです。

月がおとめ座にあれば、自分は掃除も下手で汚しっぱなしにしてしまうけれど、この世を美しく、誰も汚さずに、きれいな環境にしたい、との思いは純なほど持っているのです。

子どもが母の思いを知って、多少なりとも部屋の片づけをしよう、と思い行動しても、かえって汚してしまうことがあります。ですが、下手であればあるほど、子どもの思いは外界に伝わるのです。

そして、月おとめ座がこの世をきれいにすることはできなくても、そうした思いを大衆が察知し、大きな力をもたらしてこの世は美しくなっていくのでしょう。


他の星座についても同様に考えられるわけです。

私たちが持つピュアな思いこそが、大衆と時代を動かすカギとなってます。

月は実際の行動では大したことはできませんので、自分の使命としてとらえると失敗しやすくなると思います。あくまで、純粋な思いを持っていることが大事なのです。それを社会や大衆にそうあって欲しいと願い、常々そうした態度を貫くことで、大きな働きとなるのです。


月の力を自分に使おうとしていたため、月の12星座がせっかく持っている12分の1

の力をそれぞれが分離した状態で行使していました。そして挫折を迎えたわけですが、**全体のためにピュアに思い続ける、祈り続けることで、12分の1の力をどんどん大きくしていくことができます。そうすればあっという間に世界も変わります。**

月はその才能を生かそうとしても、うまくいきませんが、純粋な思いを持ち続けることで、それが大衆に浸透します。

たとえそれを政府や企業が邪魔したとしても、変わらず純粋さを持ち続けると、最後の最後にはついに神が動くのです。

神の足場は純粋な人の魂にしかありません。月の思いを最後まで失わずに持ち続けることは、神の足場を作ることとなるのです。

片づけの下手な子どもが、汚れた地球のゴミをひとり拾いながら歩いている。得意じゃないので、集めたゴミは袋からこぼれ落ちていく、それでも子どもはこの世をきれいにしたいと思って拾い続ける。

合理的意味のないこうした態度に、最後は神が動くのです。

火地風水のエレメンツによる月星座の見方

12星座は、火地風水と呼ばれるエレメンツに沿って、4分類する方法がありますのでご紹介いたします。

【火のエレメンツ】おひつじ座・しし座・いて座

月がこのエレメンツにありますと、自我と情熱の欠損を3星座共通に持っています。トップバッターの火はおひつじ座です。自我の欠損が本能的で原初的に出ます。自分の存在確認ができずにいる状態を指します。

次のしし座は自我の欠損が対象者との関係で出てきます。自我は常に人に負けるようになります。誰にも勝てないイメージを持つでしょう。

最終の自我の星座はいて座です。自我の欠損が最終段階に至ると、世界や社会で起きていることが理解できなくなります。

【地のエレメンツ】おうし座・おとめ座・やぎ座

月がこのエレメンツにありますと、物質の欠損を3星座共通に持っています。

トップバッターの月おうし座は、物質の欠損の最初で、物を得られない、物を味わえない欠損となります。

次の月おとめ座になると、物を扱えないこととなり、物を壊しやすくなります。

最終の月やぎ座は物の最終形態である政治や会社や組織の欠損として現れます。

【風のエレメンツ】ふたご座・てんびん座・みずがめ座

月がこのエレメンツにありますと、知性や思考の欠損を3星座共通に持っています。

トップバッターの月ふたご座には思考力がありません。

次の月てんびん座になると相手との知的交流に支障が出てきます。

最後の月みずがめ座になると大きな考え方ができなくなり、小手先の対応しかできない知性となります。

【水のエレメンツ】かに座・さそり座・うお座

月がこのエレメンツにありますと、情や情緒、愛情の欠損を3星座共通に持っています。

トップバッターの月かに座は母性の欠損を示します。

次の月さそり座では人との関係性での深い情緒や愛情がわからなくなります。

最後の月うお座では社会や周囲への愛情が欠損していることになります。

このようにエレメンツ分類することで、より体系的に12星座及び月の欠損を理解することができます。ではエレメンツを加味した形で、月12星座についての最終解説を行いたいと思います。

月12星座についての最終解説

月おひつじ座の最終解説

おひつじ座は火の星座です。火の星座の月は自我の欠損を意味します。その最初がおひつじ座ですので、自分自身のとらえ方に欠損が見られることになります。

おひつじ座のキーワードは「我、あり」ですので、その欠損は、自分という感覚が得られないところから出発しています。

そのため、自分という感覚がないために常に自分についての感情に支配されることになります。自分らしいかっこよさがおひつじ座月の人が陥るポイントとなります。

かっこよい自分・有能な自分・はっきりしている自分・主張できる自分・強い自分・目的に向かう際のゆるぎない確信を持つ自分・リーダー的な自分、要するに太陽おひつじ座が意味する自分像とその意味では同じです。

太陽の場合はそれがあるのですが、月の場合はそうなりたいだけで、またそう思われたいだけで、それだけがないことになります。ただし、7歳までの自分像としては永久に保持されます。

しかし本当の自分はその自分像ではありませんので、英雄的自分像を否定的に刺激されると、敏感に反応することになります。また、他人のそうした部分への欠損を許せなく感じます。

弱さを指摘されると反応せざるを得なくなったり、バカにされたと思うと反撃したり、自分のイメージに対する事柄に防衛的反抗を企てざるを得なくなるわけです。

突然怒り出す、興奮する、イライラする、わけですが、それは自分のイメージが壊されただけではなく、そうした自我が欠損している人への攻撃ともなります。またライバルなどではないのに、有能な人がいればそれを自身の能力などへの挑戦として受け止めてしまいやすい面も出てきます。

はっきりものが言えない人へのイラ立ち、主張できない人に対する強要的な態度、不自然なエネルギーの流れに対する憤り。

簡単に言うと、自分は有能であり、自分だけが有能なのだ、という証明に追われる人生になりやすくなります。しかし事実はそうではありませんので、自分の能力を示すことは多くなりますが、結局はうまくいかず破滅の方向に人生は向かいます。もしくはエネルギーを失い、普通の生活ができないほど消沈に襲われることが多くなります。

自分はすごいんだ、という子どもが持っている万能感を、自分ではない人類そのものに向けたとき、月の持つ純粋性が輝きます。

人間は本当はすごいんだ、人間は本当はスーパーマンなんだ、人間は絶対に何にも負けないんだ、私たちはすごいんだ、との純粋な思いを抱けるのは月がおひつじ座にある人だけなのです。

多くの人は子ども時代に人間存在の最終的勝利に対するピュアな思いを持っていたとしても、成長するに従って失っていきます。しかし月おひつじ座だけは、その純粋性を持ち続けているのです。

ただし、それは自身の人生においては活かせないものであり、単に純粋に思いを保持する点に価値があるのです。

月によって何かを成そうとしたり、月を自身だと思い続けてそれを体現しようとしたりする試みはすべて失敗します。ないものを達成させようとしても無理だからです。自分の無力を知り、その純な思いを祈りにした際、最終的に神がかったように機能するのです。

ですから月おひつじ座の人の持つ仕事は、ただ、人間の勇気と情熱が最後は勝つというピュアな子ども時代の思いを持ち続けることにあるのです。

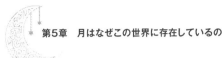

【月おひつじ座への格言】

自分の能力の発揮により自分の存在の証明をしないこと。そうしたものと関係ない意識と態度で人生を生きるようにすることです。

月おうし座の最終解説

おうし座は地の星座です。地の星座は物質的欠損を意味します。その最初がおうし座です。もっとも純粋な形で物質の欠損を暗示することになります。

おうし座のキーワードは「我、所有す」です。月はその欠損ですので、何も所有できないことになります。

物質を感じるには、通常まず五感を通します。そこが欠損となるということは、月おうし座の人は五感が欠損しているわけです。しかし、月のおうし座の人はそうは絶対に思いません。自分ほど五感に優れている人はいない、と思っている場合も多いでしょう。

しかし、その人が思う五感は7歳頃までに知ったものであり、それ以降の成長はしていないのです。ですので、ワサビはダメ、なんであんなものつけるのか、と怒ったりします。子どもが間違ってワサビを食べてしまった怒りと衝撃が大人になっても続いているからです。

「何、あの臭いは、我慢できない」。誰でもイヤな臭いはイヤなものですが、我慢できないのが子ども時代の特徴です。月おうし座は大人になってもそのままです。

このように、月おうし座の人は常に五感の不快感に悩まされるのです。常にイヤな臭い、イヤな味、イヤな触り心地、イヤな肌触り、などによって、常に攻撃された人生となるのです。

そのため、自分は五感が優れていると思いがちですが、7歳までの五感で止まっていますので、本物の成熟した味や香りはわかる道理がありません。

ワサビを知らない間に食べてしまって怒る程度の味覚ですから、高級料理を食べても本当はわからないのです。街中の牛丼のほうがおいしいと本気で思ったりします。そして牛丼でもあの店とこの店では違う、というようなことは敏感に察知し、人に言ったりしがちなのも、子ども時代の特徴と考えればよく理解できます。

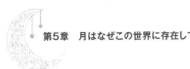

理想の五感を得たいので常に攻撃を受けるわけですが、おうし座本来の所有に目を向けると、その物質的欠損はさらにわかりやすくなります。

所有できない、という運命は、お金が持てない、土地が持てない、自分の物がない、という状況を生み出します。

しかし、所有へのこだわりから、自分はお金持ちであると思いたいし、また、そのように人に見せたいし、思われたいのです。

こうした意識と態度が原因で、月おうし座はお金に困るという運命を招きがちになり、この人の人生の挫折は金銭問題となります。

家のお金は自分のお金とどこかで勘違いしてしまい、両親の財布の中のお金をあたかも自分がもらえるもののように感じ取る気持ちがあったりしがちです。

お金への執着は、最終的には豊かさへの希望です。それを自身にもたらそうとした点が月の罠だったのです。

豊かさと安寧《あんねい》への憧れは、月おうし座のみならず、人類の憧れでもあります。自分が豊かになりたい、それは誰でもそうですが、月おうし座はそれが許されない生まれとなり、その〝自分が〟を〝私たち〟に置き換えることで、この地球が私たちの世界が、豊であって欲しいということを祈り願う運命に変えていけるのです。

私たちを豊かにしてくださいこの地球のめぐみが永遠でありますように、豊作でありますように、自然のめぐみが常に私たちにありますように。

このように、豊かさを自分の所有から家族所有、国の財産、地球のめぐみに置き換えるピュアな思いがあることで、月おうし座は輝くのです。

自分が金持ちになろうとしたり、自分が他の人よりも良い服を着ようとしたり、自分を誰よりも豊かに見せたいと思うことで、この人は人生に挫折します。

それを全体の豊かさへの願いとして常に持ち続けることで、この人の顔つき、態度に一層の磨きがかかり、すばらしい人になれます。

月星座は願うだけで自分がそうなろうとしないこと。そこにプレゼントがしまわれているというのが、月の特徴でもあります。


【月おうし座への格言】

自分自身がたとえ貧乏でも、この世界の豊かさを願うことです。

月ふたご座の最終解説

ふたご座は風の星座です。風の星座の月は知性の欠損を意味します。

その最初がふたご座ですので、知性の原初的欠損、すなわち、考えることができないことを意味します。ふたご座の月を持つと、自分では知性があり、知性で生きることが最高であるとの思いを持ちます。

それは子ども時代の自己イメージが知的で頭の良い子、であったためです。親からお利口ね、頭が良いのね、と言われたり、人からそう思われたりすることがアイデンティティーとして子ども時代の心に深く根づきました。そのため、成長しても自分は知的であり、文章も上手に書け、説明もしっかりできる、との自己イメージを捨て切れません。

しかし残念なことに、知性だけが未成長なのです。小学校や中学校までは何とかそのイメージをつなげられますし、実際に7歳頃までの頭脳があれば、頭の良い子でしたら、中学3年生程度までの勉強にはついていけるため、そうした自己イメージを守ることはできるでしょう。

ところが、高校生になり、さらに大学生になったりするうちに、何とはなしに、自分には思考力がないということを感じだします。それでも自己イメージは続きますので、そんなはずはない、自分は頭が良い、との葛藤が続き、その証明と弁明のための生涯を送ることになるでしょう。

月ふたご座の人はよくしゃべりますが、意味がよく伝わりません。それは自身も感じ取っていますので、もっと他の言い方、もっと他の表現、と立て続けに弁明をしだすので、話がさらにわかりにくくなります。

同様に文章作成も本当は苦手ですから、書くことに非常に苦労します。

月のふたご座で生まれても、文学界で成功した人もけっこういますが、みな、一様に苦労したことがわかります。中には、自分で考えることができないため、借用が多くなり、悪くすれば盗作問題すれすれの場合も多くなります。

何かをまねないと、調べないと、確証が得られないと、不安で仕方ないのです。自分では考えられないためです。

このように月ふたご座の人は知的欠損を生涯持ち続けますが、その弁明に固執しなくなると本当に生きることが楽になるでしょう。

月ふたご座の人に必要なのは、「私、本当はバカだから」という気持ちを持つことです。大変失礼な言い分になってお怒りの方もいらっしゃるとは思いますが、正直によく振り返っていただけたなら、それは本当ではないでしょうか。

ただそうは思えない場合が多いでしょう。月ふたご座の人が怒るパターンは、自分がバカに思われたときなのです。バカ、という言葉に非常に敏感に反応しますし、また、成績が悪い人を内心でバカにしていることが多いと思います。

昔、私の知人に非常に頭の良い、成績がトップクラスの月ふたご座の人がいました。勉強はできたのです。しかし、本当には考える能力がなかったため、いつもワンパターンの仕事しかできませんでした。融通が利かないのです。

そしてその人は知的能力に発達障害のある人を本気でバカにしていました。それを見て、私は危ないものを感じました。知的能力は人間性とは何の関係もありません。

月ふたご座は、自身に知的欠損があるのですから、自身の知的イメージさえ捨てれ

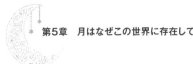

ば、人格者として変身できるのです。

また、月を自分のために使わず、世の中の人がすべてよい教育を受け、よい学びの場や環境が整いますように、との素直な思いだけを大切にすればよいのです。

そして自身の能力は知的に限らず、いろいろな能力がありますので、他の惑星を使い、自分の能力を発揮すれば何の問題もないのです。

【月ふたご座への格言】

自分はあまり深い考えができない、ないんだ、と思ったとき、あなたの秘められた高度な人格が表に出るようになります。知的な自分像にこだわると、むしろ「はすっぱな印象」の人になりがちです。月にだまされないことです。

月かに座の最終解説

かに座は水の星座です。水の星座は感情の欠損を示します。その最初がかに座ですので、もっとも原初的な感情の欠損を意味します。原初的感情の欠損とは、人が抱くもっとも自然な情のようなものでしょうか。

何かを敏感に感じ取る能力や、人の思いを感じ取る力、それがあってはじめて、母は子どもがどういう状況にあるかなどがわかります。そうした能力がないと、どうしても大切なものを守る力を失います。

そのため、月がかに座にあると、自身を守る力の限界を意味することになるわけです。どんなに疲れても、それを敏感に感じ取れませんので、この人はある限界を超えるとパタッと倒れがちです。それまでは元気いっぱいだったのに、ある日突然風邪をひき、長らく寝込む、というようなパターンと縁があるでしょう。体調を感じ取る能力がないからです。

一見、やさしい人ですし、楽しい人ですが、相手がどういう状況にいるのかを感じ取ることができませんので、一般的な尺度でしか相手のことを思えないというところがあります。

子どもは何を悩んでいるのか、子どもは何を求めているのか、母とは何なのか、夫がなぜあんな態度に出るのか、妻の思いは……。こうしたことが、じつは感じ取れないのです。

ですから、一般的な解釈から身内をとらえますので、家族であっても本当の意味では深い触れ合いはできなくなります。これが感情の欠損ということです。自分のことも身内のことも、その深い部分のことが分からないのです。

言われたことはもちろん理解できますし、わかりますが、言外のイメージをつかまえることができません。人間関係全般でそうなのですが、とくに身内ではそうしたコミュニケーションが基本となるため、この人はそれがわからず、身内との人間関係でじつは疲れるのです。

しかし、それではいけないとの思いがあるため、かえって家族に縛られるような人生になりがちです。となると家庭は憩いの場であるよりも前に、葛藤の場となります。それも理想論を前に出して、母とは、家族とは、という子ども時代に覚えた理想家庭像があるため、かたくなにそれを守ろうとします。

こうした表向きの態度と、内的な、本当は身内との関係性がわからない、感じ取れない、という独特の苦しみを味わうことになるのです。そのため、この人は旅行などで家を出るときの解放感は半端ではありません。誰よりも家を出られる日を心待ちにしています。家にいるのが本当は苦しいのですから当然でしょう。

人は何も月以外で生きられないわけではありません。反対で月の特性で生きようとすれば、苦しくなり、人生そのものを破壊します。しかし、人は月が本当の自分だとかたくなに思う罠にはまっていますので、一番苦しいことを一生懸命にやろうとして、すべてを失っていくのです。

ですので、月かに座の人は、人は立派な家庭を持たなくてはいけない、とか、立派な母でなくてはいけない、と思う不自由から自由になることが大事なのです。

一般的な常識との戦いになりますが、しかし実際に、「私、母親業ができない」と思ったほうが、むしろ、責任感が他の部分からもたらされますので、客観的には良い母となり得るのです。実際に、本当は良い母などできないのに、それを演じていたときよりも子どもたちも楽になります。

子どもも縛られた概念で何かされるより、勝手な母であってくれて、楽な気持ちで何かしてくれるほうがずっとのびのびできるのです。

「母は料理に疲れたので、この1000円で今日は好きなものを勝手に食べてください」

とでも言われたほうが、子どももずっと楽だったりします。

もちろん、子どもが赤ちゃんのときはそうはいかず、月かに座の人は苦しいでしょうが、意外に、7歳までの母親像はこなせますので、大丈夫です。

子どもが7歳以上に育った際に、理想の母を演じて無理しないようにしてください。

しかし、7歳までに培った温かい家庭、やさしい家庭に対する憧れは確実にあります。子ども心であっても、自分の子どもも無事に育って欲しい、守ってやりたい、との純粋な思いは間違いなくある人なのです。それを実現する能力がないだけです。

この世にはやさしく、温かな家庭があって欲しい、そんな社会であって欲しい、との願いと思いは純粋ですので、その思いだけを持ち続ければそれでいいのです。具体的な責任からは降りて、重荷を下ろすことです。

【月かに座への格言】

あなたはやさしい人ではありません。やさしく振る舞わねばいけない、という生き方を今からやめることです。家庭に縛られる必要もありません（ただし子どもが7歳になるまでの間は我慢してください。我慢しなくても自身の中の母なるイメージでやっていけます）。

月しし座の最終解説

しし座は火の星座です。火の性質が対象物や対象となる人に向けられた状態です。自身の自我と他者の自我とがぶつかり合うときに、しし座の性質が表に出ます。太陽がしし座にあれば、自身の自我で他者の自我を支配したい、という欲求になります。そしてそれに自信もあるのです。だから、人からの称賛を求め、それを得ることで生きがいを感じます。

でも、月の場合は人からの称賛に対する欠損を表します。

他人が怖いわけです。自我の弱さを心の奥では知っていますので、対人関係全般に自信が持てません。

表面上は強気を装っても、本心ではまったく自信がないのです。そのため、一定の人間関係の中で、この人の力量はだんだんと軽視されていきます。

自分に本当は自信がないのですから、相手や周囲もそのことをベースにしてあなたをとらえるようになります。そのため、軽く扱われやすくなるのです。

一般の星座理解では、月がしし座にあると強気だとか自信家だとか言いますが、まったく嘘です。反対です。そして軽視されていくようになるのが一般的です。

また、しし座は未来を描く力を持つ星座です。月は欠損ですので、未来を描くことができなくなります。

しかし、7歳までの子どもが未来を描いたり、夢を描くのと同じことはできますので、自分なりの未来観をきわめてわかりにくく、けっこうしつこく人に話したりします。

本当は自信がないので、人に話すことであたかもそうであると思いたいからです。

しかし子どもの話がちょこちょこ変わるように、この人の未来の話も常に変わります。一定の目的を持った話はできません。

ひどい場合は、話の最中でも未来と現実が交錯し、その内容をさらにわかりにくくしています。

月しし座の人は本当にいい人なのです。人を支配しようとしない、謙虚な人です。自信がないので悪いこともできません。みんな、もっと元気で明るく、正しく生きていこうよ、との純粋な気持ちを心の中に持っている人なのです。

【月しし座への格言】

あなたの明るさと、演劇的ではあるもののその不完全な人間性からくる楽しさは、人をほっとさせる面があります。

あなたはみんなが元気で明るく生きて欲しいと願う、本当の良いものを持っています。

現実の暗い部分に触れると心底落胆し、人が嫌いになるかもしれません。

自分のために生きることを知りませんので、人生の楽しみさえ誰かのために行動するとの思い込みの中で消えていきます。

人は関係なく、自身だけの楽しみを見つけてください。人にはわからない、自分だけの楽しみと喜びができたとき、あなたは自分の生き方に自信を持つことができるようになります。

月おとめ座の最終解説

おとめ座は地の星座です。地の星座の月は物的欠損を意味します。おとめ座の場合はそれが保管、管理、長持ちさせたり、使い勝手を良くするときに才能を発揮する星座ですので、月はそれがないことになります。

そのため、この人は物持ちが悪くなります。新品の品を紙袋から出すときでさえ、汚くビリビリに破き、中から乱暴に品を取り出します。

解説書などは読んでも理解できませんので、勝手に使いだし、すぐに壊したりしがちです。そしてそうしたことに、何とも思わないのです。

家の中は整理整頓されていて、常にきれいにいたい、との気持ちは本当は強くあります。しかし、この人が片づけをすればするほど、家や部屋は汚れていきます。整理整頓、清潔、きちんとする、そうした能力が欠損しているからです。

夢としては7歳の頃までに持った、清潔やこぎれいな印象への憧れがあります。しかし、それを実際に行う力がないのです。

使いっぱなし、捨てっぱなし、洗濯しっぱなし、読みっぱなし。そうした物で、家や部屋はいっぱいになり、子ども心に憧れた清潔な家のイメージから遠ざかる現実に傷つきます。

子ども時代に私たちは親にほめられたいと思います。その際に必ず通る道はお片づけです。

両親のために家を掃除する、きれいにする、との気持ちや思いを誰でも心に抱いて育ちます。とくに月おとめ座の人はこれが強いのです。

親から、「きれいにお片づけができたのね」「あら、お掃除を手伝ってくれるのね、偉いわ」と言われたい。そうした純な思いが今なおこの人の胸の奥にしまわれています。

しかしいつの頃からか、どんなに頑張って片づけをしても、ちっともきれいにならず、親の掃除の手伝いをしても、ダメ出しをくらったり、場合によっては叱られてしまったという記憶がおそらくあることでしょう。

そして、月おとめ座の清掃や整理整頓への思いはストップし、そのまま、しこりとなり、こだわりとなって今なお眠っているのです。

ですから、自分の部屋が汚れている、ということにとても傷つくのです。そして片づけしようにも、すればするほど汚れてしまっていく、不思議な個性のような悩みとなるでしょう。

また、おとめ座は職務を示す星座です。労働です。労働は与えられた責任を果たすことで報酬をいただきます。それが欠損していることは、この人にとって、働くことは、つらく苦しいことになります。職場で責任を果たすことができないのではないかという思いが、重くこの人にのしかかります。

手際よく仕事をこなす人のようには、どうしてもできない自分。その分、時間もかかるし、表面的な取り繕いもしなくてはならず、そのことが小さな胸を痛めつけるのです。ですから、この人が職場に行く、働くことには、通常の人の数倍の心理的負担がかかっています。

人には何も問題ないように見せなくてはいけないので、子どもじみた対策や子どもじみたごまかしで表面を取り繕うことがあります。

でも、よく見るとシャツを裏返しに着ているような間違いをします。それがあまりに稚拙でかわいいので、じつは職場での人気はあるのです。

物心がついた子どもからは、「お母さんが洗ったお茶碗には、必ずご飯粒が残ってる」「トイレ掃除した？　全然きれいになってない」と、この母を責めるかもしれません。

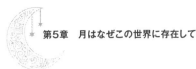

なんだか、自分の子どもにさえ頭が上がらないような不思議な気持ちにさいなまれることもあるでしょう。

しかし、自分ではうまく働けないけど、誰もがきちんとした仕事につけて、求められる義務をこなし、清潔な家で、日々ストレスなく暮らして欲しい、との純粋な願いをこの人は持っています。

そんなピュアな思いを知った人からは、きっと深く愛される人になります。


【月おとめ座への格言】


物を長持ちさせたり、保管・管理したりできないのですから、簡素な生活や簡素な暮らしを求めると混乱するケースが少なくなります。

物を持たない生活、必要な物はそのときに購入し、保管したり管理したりしない生活プランが合っています。自分の持ち物は旅行用ケースひとつに全部入る、そのくらいの生活をイメージすると、ストレスがなくなるかもしれません。

仕事で悩むことも多くなりますが、仕事に自信が持てなくても、不思議とあなたの居場所は必ずあります。

なぜだかわかりませんが、多くの月おとめ座の人がほぼ間違いなく仕事で苦しんでいますが、責められもせず、居場所はあることが多いのです。ピュアなものを社会は必要としており、人はその片鱗があなたを通して感じられるからだと思います。

月てんびん座の最終解説

てんびん座は風のエレメンツの2番目の星座で、対人面で知的な欠損があらわれます。

人との関係性について、この人はそのことばかりを考えています。人とどう関わっていけば良いのか、何を話したら良いのか、いつもわからないのです。わからないため、かえってどうにかしなければいけないと感じて、不要なことやその場に必要でないことなどを話したりしがちです。

そうなると、相手はあなたといても、自然な感じを抱けなくなり、つき合いはどうしても表面的なものになりがちです。

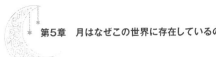

また、てんびん座は結婚の星座ですので、配偶者との関係においても、この人は非常に気を使います。常に配偶者のことを考えるやさしさを持ちますが、それはやさしさであるというよりも、恐れに近い感情であったりします。配偶者とどう自然にいていいかがわからない場合も多いでしょう。

しかも、そうしたことを顔に出したり、表現したりするわけにはいきませんので、至極普通の平静な態度を通しますが、そのことで、本当は非常に疲れます。

結婚生活が好きなように見えて、本当は嫌いなのかもしれません。ただ、相手が嫌いというわけではありませんし、表面上は対応できますので、表立った問題が起こることは少ないでしょう。

理想の結婚生活を夢見ますが、それよりも、自分は結婚生活には向いていない、と受け入れてみると、むしろうまくいくようになるかもしれません。

他の面で関係性を強化することができるようになるからです。

結婚に向いている人が幸福な結婚生活を送る場合も多いでしょうが、向いていない人でも独自のスタイルと意識により、幸福な結婚生活を送ることは可能です。

そのためには、理想を夢見ないこと、本当は自分勝手で配偶者の気持ちを察する能

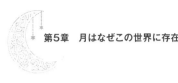

力がないことを知っておくと良いのです。

てんびん座はまた、美の星座です。月がてんびん座にあると、おしゃれのセンスがまったくないことに気づくはずです。

そしてそのことを常に気にかけ、自分には何が似合うのか、わからない頭で常に考え続けます。これが良いと思うと方向性が一方に偏ってしまい、おしゃれのバランスが取れなくなってきます。

仕方なく、雑誌のイメージをまねて自分にあてはめる形で対応することになるでしょうが、おしゃれの喜びはありません。

てんびん座は天秤を意味しますが、すべてのことでバランスが取れないあなた。生活の仕方も生き方もやることも、一方に偏ってしまいがちです。

しかし、それらは、バランスを取らなくてはいけない、美しくなければいけない、との強迫観念による苦しい感情に近いものです。

もっと勝手にやれば良いのです。人に好かれようとせず、言いたいことを言ってしまったほうが、本当は人に受け入れてもらえるでしょう。

【月てんびん座への格言】

自分にはこんなに公平に物事を考える才能がある、人よりも自分のほうが数段やさしいなど、「自分は人よりも」的な判断病にかかりやすいあなた。

それは幼かった頃に、適格な判断や公平な態度や言葉でほめられた自己イメージがあったからです。

本当の自分はわがままだ、ということに気づいたときから、月てんびん座の誤解が解け、もっと自由にやっていけば良いのだと、自分の道を進めるようになっていきます。

公平な社会への憧れを、月てんびん座の人は純粋な気持ちで持ち続けることができるでしょう。

月さそり座の最終解説

さそり座は情緒や感情を示す水のエレメンツの第2番目の星座です。2番目は情緒が対人的に働く場所です。欠損も特定の相手に対する情緒的欠損として現れます。

さそり座は真実を追求し、それを確信的に知る星座です。それが欠損ということは、すぐに物事や人に対して不信感を抱きますが、そのすべてが当たっていないことを示します。

疑いやすいものの、そのほとんどがミステイクです。情緒的欠損が特定の相手に対してなされるということは、大事な人に対する疑いや疑念を常に持つような人であるということです。ところが、すべてが誤解であり、間違いであることがほとんどです。

月は欠損ですので、深い情緒も深い感情もわからない、ことになるからです。

しかし、子ども時代に感じ取った深い感情についてのイメージはありますので、月さそり座の人はすぐに深刻そうな顔や表情をします。それは常に、です。本当は深い情緒も深い感情もない人なのに、そのように振る舞うようにするため、一見、暗い人が持つの印象を周囲に与えます。でも、内面は子どもです。

深い感情や情緒は大人特有のもので、それを常にまねているから暗く陰気な印象となるわけです。本当は深い考えも情緒も月さそり座にはありません。

日常の中においても、何か重大な物事が隠されているかもしれないと無意識に思っていますので、大したことがないような場合でも、疑い深く考えてしまうわけです。何かを選択しなくてはならないときにも、人一倍考えます。

どうでも良いことでも、その選択を間違えると、何か重大なミスが起こるのではないかという疑心があるからです。そのため、どうでも良いようなことでも、この人は躊躇《ちゅうちょ》し、すぐに行動できないのです。

重大なものとそうでないものの違いが本当はわかりません。そうした自身への不安があるので、この人は常に真剣そうに、常に深刻そうに、日々を生きようとします。

子ども探偵団のような自身の姿を客観視することができれば、かなり自由になれるでしょう。

大人の深い感情がわからないというのは、性的情緒についても同様です。わからないからこだわりを見せます。性的事柄への不自然な態度が、深い男女関係を構築できない原因になる場合も多いでしょう。愛する人と深くつながりたい、深い情緒をかわしたい、と観念的に思うため、1ヶ月に何回愛し合わなければおかしい、というような形式で恋人や配偶者に迫り、真偽を正そうとして失敗しがちです。

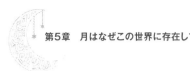

【月さそり座への格言】

「私はこんなにつらいの」「私はこんなに一生懸命やったの」「私が間違えたんじゃないのに、なんでこんなことになってしまったの」

こうした憤りを感じた際に、子どもは深い感情を演出しますが、それは本当の感情とは異なります。あくまで、自分はつらい、自分には能力がなかった、自分には力が足りなかった、という表現に他なりません。

自分の未熟さについて、相手を巻き添えにしてわかってもらおうとすることで、月さそり座の人は人生の問題を引き起こします。

愛する人を交えた形となりますので、注意しなければなりません。自分が本当は未熟で力がないことを素直に認めれば、むしろすんなりと通過できる問題なのです。

月いて座の最終解説

いて座は火のエレメンツの最終星座です。火は自我を表し、その最終段階にあるということは、この人の自我が際限なく広く行きわたることと関係しています。

この世のことを学び、この世が良くなるという前提で自身の生き方を考え、実行するのがいて座の性格。月はそれに対する欠損ですので、月いて座はそうしたものを持っていない、となります。

一言でいうと、物事を深く理解する点において問題が生じるのが月いて座の特徴なのです。ですが、月いて座の人は自分に理解力がないとは、絶対に考えません。絶対にです。

月星座について、他の星座では、自身に照らし合わせて理解していただけることがほとんどですが、月いて座の人は、ほとんどがその事実を認めません。

いて座は高度の学問や高度の社会性、そして正直で善意の星座ですが、月はその逆ですので、月いて座の人は、社会性も本当にはないし、正直でもない、となると、確かに認めたくないことでしょう。

まして、理解力がない、と言われては納得できなくても当然でしょう。

しかしそれでもなお、やはりいて座の要素が月いて座にはないのです。

語学にしろ、高等な学問にしろ、憧れを持っているのである程度はこなす人が多いのは事実ですが、ではプロの通訳者になれるほど語学力があるのか、本当に深い学問に進むほど能力があるのか、となるとやはり疑問が多くなります。月いて座の社会理解は、どこかで読んだものであったり、誰かが言ったものであったりします。

自身で考え理解することができないので、どうしても社会的に認められている権威に頼ります。しかしそれさえも深くは学んでいませんので、月並みで当たり前のことしか言えないでしょう。

社会や世間から自分がどう見られているかは非常に気にする人ですが、表面的な知識しかありませんので、深い自信に支えられていません。

社会的にはにこやかに人と接し、社会正義を持つイメージを強調しますが、心底からの正義ではなく、あくまで正義の人に見られるように振る舞うのが特徴です。

また、論理性も形だけのものですから、すぐに行き詰まります。しかし、決して自分の間違いを認めませんので、相手次第ではつい手を出してしまうなどの暴力性が内在しています。

いて座は発展の象徴である木星を守護星に持つ星座ですが、月いて座には、その発展性がないのです。自分の中から何かを編み出し、発展させていくことが本当はできない。

しかしそうした自分を絶対にこの人は受け入れませんので、自分が思ったことを絶対視し、その間違った信念に固執する以外に、社会的に進むことができなくなります。

それが偶然にうまく運ぶことはありますが、理解力と判断力に問題があるので、連続してすべてがうまく進むことはなく、どこかでぼろが出たり、すぐに限界が訪れます。

ですので、この人にとっては受け身が本当の姿です。受け身でいかねば世の中を渡っていけないと考えるため、感じの良い態度や言動が重要となるわけです。月にとらわれると、自分の至らない考えに固執するだけの、発展性のない生涯になりがちです。また、容易に反正義、反社会性に傾く可能性もあります。


なんだか悪いことばかりあげつらいましたが、それらは月の幻影であり本当のあなたではないと言いたいからです。

ただ、月が自分だと思っている限り、こうした運命はかなりの確率で現実になるはずです。月が自身ではないことに気づくまで、月いて座の人は月の幻影に振りまわされ、その生涯は周囲との関係性の少ない浮き上がったものになります。

【月いて座への格言】
あなたは自分が思っているほど良い人でもないし、社会的正義感も嘘です。ただ、それはポーズの上では見事に貫きますが、実際に自身の損得と関係する場面ではあっさりと正義などは捨て去ります。もともとそうしたものがないからです。高度な自己イメージにとらわれている限り、開運はきびしいでしょう。自分はそんなに立派な人間ではない、けっこう適当で軽い人間かもしれない、勉強も学びも本当はポーズにすぎないのかもしれない、と認めることができてはじめて、あなたの本当の人生が手ごたえをもってスタートできます。

月やぎ座の最終解説

月星座もいて座以降は最終星座となるため、その幻影も大きく、重たいものとなります。そのため、周囲にもたらす影響も大きくなるのが特徴です。月の欠損は最終4星座（いて・やぎ・みずがめ・うお）においては自身の運命とともに周囲をも巻き込む大きな幻影となる傾向があります。

やぎ座は地のエレメンツの最終星座です。物質との関わりの最終的な姿を意味します。

企業経営や組織的なあらゆるものなど、この世の中の物質の最終的な存在と関係するため、その影響も個人だけのものではなくなります。

やぎ座は仕事を表す星座ですので、太陽がやぎ座にある人なら、通常は仕事熱心であり何らかの成果を上げることが多くなります。しかし月は欠損ですので、月やぎ座の人にとっては、仕事は怖いものであり、やりたくないし、関わりたくないという本音を持っています。

ただし、表向きは仕事熱心な上、何とかして仕事で成果を出さなくてはいけないと必死になります。

主婦の場合でも、人間の価値は仕事ができて、収入を上げることができるかどうかにある、との気持ちが強くあります。家でどんなに働いても、家事ではダメだというかたくなな思いがあることが多く、収入を上げないと一人前ではない、家事だけではいけない、というような錯覚に陥っている人もいます。

そうかと言って、本当は働きたくなどないのですが、そうしないといけないような気持ちでいるため、苦労して働くことで、家事がおろそかになったり、夫や子どもも本当は母に働いてなどもらいたくないと思っているにもかかわらず、かたくなに働かねばダメだという信念を持ち続けたりしています。

さらに、やぎ座は社長や代表という上の立場を示す星座でもありますので、月の場合では、自分も社長や代表にならなくてはいけない、と思いがちです。

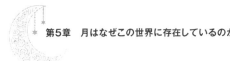

しかし月は欠損として働きますので、その能力はないと考えます。そのため、月やぎ座の人が上に立った企業や団体、事業はやがて解体し、この世から存在を消す形として働くことになります。二代目社長に月やぎ座がつくような形になると、その会社はつぶれると思ってほぼ間違いありません。

月はこの世的な事柄が幻想であることを実証する星ですので、ほとんどの場合でそうなります。

物質的欠損は最初おうし座で原初的な形を取り、お金を所有できないというところからスタートします。次におとめ座の第2段階を経て、物を管理したり保持したりできない段階に進み、最終的にやぎ座の月において、この世で形をなしたものを消失させる運命として機能します。

ただし、これらも、月が自分であるとの観点に立った場合であり、自分が月とは関係ないとの立場に立てば、そうした現実は起きないわけです。月は本当の自分を表してなどいないのです。

月は最終的な星座に行くほど、大きな影響を与えますが、それは周囲の人や社会を巻き込むためです。


【月やぎ座への格言】


やぎ座的な幻想にとらわれず、自分の生き方を追求することです。社会的に意味ある存在になろうとするのは本当のあなたの姿ではありません。

仕事や社会的立場を守ることに必死になって、自身を失うことのないようにしてください。

他の方法でお金を得ることも、あなたの場合ならできるはずです。それでも働かなくてはならないのが通常だと思いますが、職場において、自分が上に立って能力を発揮しようとしなくても、職場を楽しく、家庭のような環境にすることで、あなたの存在感は増し、自身の居場所が与えられるはずです。

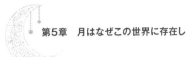

月みずがめ座の最終解説

みずがめ座は風のエレメンツの最終星座です。知的な風の最終星座は知的欠損が社会を巻き込む形で崩壊へ進む可能性を持っています。

みずがめ座の人は自身の発想やアイデア、もしくは思想が社会の仕組みを解明し、役立つと信じています。この世を平和な楽園にする、作り手としての才能や天才性を与えられた星座です。

しかし、それが月になりますと、そうした面だけがない、ということになります。

これはなかなか受け入れがたい思いを、月みずがめ座の人に与えると思います。月みずがめ座の人は、自分が思っているような理想の人ではない、ということになるからです。

みずがめ座は友好や友人との関係を重視します。月みずがめ座もそれは同様です。しかし、みずがめ座の友好は、同じ考えを持つ者同士が、この世を良い世の中にしようとして、理想実現の目的の元に集まる、という形をともないます。

ですが、月のみずがめ座にはそうした信念も理念もありませんので、形だけの発想と思いつきによって、ただ人との交際を求めます。内容がない集まりになるのです。目的も発想も信念も理想も形だけの表面的なもので、それでいて形の上では人とのつながりを求めますので、内容のないことでの集会や集団での活動と関係してきます。

みずがめ座は真実を追求する星座であり、仲間や同志にも同じものを求める一体感がなければ、たったひとりでも、信念を持ちつつ、孤独を続ける強さがあります。

しかし月がみずがめ座の場合は、そんなものより、ひとりがイヤなのです。たとえ中身がなくても、ひとりでいるよりは、まだ誰かといたほうがましなのです。

孤独に対する態度が、月と太陽とでは根本的に違っています。

太陽のみずがめ座は人とつるむことが嫌いですが、月みずがめ座はつるみたいのです。中身がないので、つるんで連帯感を持ちたいのです。

ただ、月みずがめ座自身は本気で自身の活動に従事しますから、求めているものが社会的なだけに、大きな集団になっていく可能性はあります。

しかし、どのように大きくなろうとも、中心にあるべきものがないのですから、この人が中心になった会や団体はいずれ消滅していきます。

子どもが、「自分は天才だ」「自分だけが何か重大なことを理解した」「知っている」「わかった」というようになりたいと思うのと同じで、この人も自分の発案に奇異性や特殊性があり、あわよくば天才的と思いたいし、思われたいのです。

しかし、一言でいって、本当は平凡です。自分の特殊性の罠にはまると、人を集めるために、発想を世に知らしめるために、莫大な金額のお金を使ってしまったり、これまでに蓄えたもののすべてを失ったりするような間違いを犯しがちです。

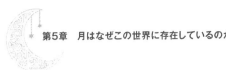

自分は天才である、ということへの熱望があるのです。ですが、あると思っているものは、月並みなものでしかないのです。

これを認めることはなかなかできないため、月星座は最終に行くにつれ、作り上げた迷妄の世界を大きくする特徴が出てきます。

月みずがめ座の人も、人当たりがよく、友情をベースにする印象がありますが、それも連帯イメージのたまもので本当ではありません。むしろ、こうした月の印象をきれいに排除するには、正反対のしし座を使うと割り切れます。

自分が人を集めるのは、自分の命令を聞かせるためであり、自分が威張りたいし、ほめられたいからだ、そのために、私は人を集める、と思ったほうがうまくいきます。なぜなら、それが本音だからです。

私が輝きたい、それでいいのです。単刀直入であると、すっきりと何かが落ちます。そして生まれ変わったような安心感を抱くようになるでしょう。

みずがめ座の月を抜け出すには、今すぐ、知的自尊心や天才的イメージ、人よりも自分は変わっている的態度を捨てて、自由になることです。


【月みずがめ座への格言】

「この世が行き詰まり、争いが絶えず、このままでは悪い世の中になる、だれか天才的な人が出てきて、すばらしいアイデアで、より良い世の中を作って欲しい」

子どもは天才科学者のアニメなどを見て、こんなふうに興奮することがあります。そうした夢への純粋な思いがあなたにはあります。その夢を夢として持ち続けることはあなたにしかできません。自分にはそれができないけれど、との理解があることでその純粋性が保持できるのです。

人間の進むべき道、ユートピアへの憧れ、あなたのその気持ちだけが純粋なのです。その純粋性に天が感化を受けるときが必ずあるのです。あなたが天才になってしまったら、それだけのことで終わってしまいます。

月うお座の最終解説

うお座は感情や愛情を表す水のエレメンツの最終星座です。最終星座ですので、情や愛情、神秘に関したもっとも大きな働きと関係します。

それは世界を愛する思いであり、人類を愛し、それを救済する情熱です。

また、そうした思いは、この世が神秘に満ちており、その中で人が生き、暮らしているという神話的イメージを持っていることと関係します。

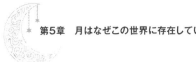

しかし月は欠損ですので、そうしたことがわからない、となります。ただし、7歳頃までに得た神秘的な感覚はありますので、子ども特有の不思議な直観や神秘感は保持している月うお座の人は多いと思います。

ただ人は誰もが成長し、この世のさまざまな出来事を体験していきます。

その中で、単にイメージや神秘性だけでは対応しきれないものに出会ったり、ぶつかったりしますので、そうしていくうちに新たな世界観や社会を理解する自分なりの物差しを持たなくてはならなくなります。

大人になってから神秘に触れ、この世はもしかしたら私たちが信じているのとは異なる構造や意味を持っているのではないか、と直観して研究を始めたり、学びを深めたりする人は、理解を深められる可能性があります。

でも月うお座は7歳までの神秘感ですので、すぐに限界に達し、この世の物差しとして使えないと感じだします。

そのため月うお座の人は、常々の体感ではいつも神秘的なものを追い求めてはいるものの、実際の問題の解決になると最後は現実的判断になります。

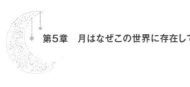

うお座は同情心が厚く、弱者を自分の身に置き換えていたわる本当のやさしさを持っています。

ですが、月うお座にはそれが欠損として機能しますので、はっきり言って同情心はないのです。社会的成功者は好きですが、社会的弱者は嫌いです。

社会的弱者のことはいたわらなくてはいけない、という子ども時代の思いとの間に、無意識的葛藤が生じるため、嫌いというはっきりした感情で吹っ切りたいのです。

似たことが友人や知人関係でも時折起こります。

月うお座の印象はうお座の慈悲深い感覚に形の上では似ていますので、一見、やさしく弱い者に寄り添う印象となります。

しかし、何かの具体性が出てきた際に、自身の欲求を貫きますので、関係者から見ると「えっ？」と思うような、裏切りに近い態度を取ります。

日頃の態度が急変したように思われることで、密かに不人気を広めることが多くなるかもしれません。

とくに家族間や兄弟姉妹の間では、この人をやさしい人だと思う家族はほぼいません。現実的で自分勝手だと思われているはずです。

心のよりどころや、信念というものが、月うお座には存在しないのです。月うお座のキーワードは「アイビリーブ」です。月の場合はそれができないのですから、本当のところは何ひとつ、神秘的なものも含め、この人は信じていません。信じるとは何かがわからないのです。現実的判断しか本当はできない人です。

「まあ、だまされてもいいか」という態度を取れない現実主義者です。そのために、じつは損するケースが多くなります。世の中は「わからないけど、信じてみよう」というところに莫大な利益やリターンが存在しているのですが、それはできないのが月うお座です。

すべての人生の設計にこれが生きています。本当のところは計算人生です。となると予定外の幸運がない人生となり、常に自分の運命に対する焦りを抱くようになるでしょう。

社会の常識に、子ども時代の純粋な神秘性を否定されるという経験をしているので、この世を生き抜くには、現実的でなければならないという新たな信仰を抱くことになったのかもしれません。

しかし現実的判断の大元は月の恐怖によってなされているので、この人が現実的と判断したものには限界があるという運命に陥ります。

それでも大きな蓄財をしたり、ときには有名になって大活躍する場合もありますが、そうしたものを、今度は目先のつまらぬ迷信に売り渡してしまいやすいのも特徴です。

人は100円の物を買うときはよく吟味するのに、1億円のものを買うときは出費にともなう不安を避けるために、つまらぬ迷信に頼ってしまったりします。

500億円の契約が間近に迫った経営者の最終判断が決まらないとき、先方の担当者が雑誌の占いにあった幸運の時間帯に来た、というようなことで大金を動かしてしまうようなことが実際には多いのです。

そうした迷走には充分な注意が必要です。現実的でかまわないのです。


【月うお座への格言】

あなたには心から信じるものがないので、未来を目指すことはむずかしい面があります。現実的判断優先で行く以外にないのですが、成果を得た際に家族と共有する、相手に与えておくことなどで、財産などの保全が図れるはずです。

すべては幻影だったのです。自身に働く月を意識できれば、こうした運命からもち

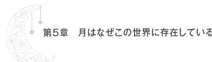

ろん自由になります。

月はあなたではなかったのです。あなたは、魔女でも占い師でも神秘家でもない、普通の人なのです。その理解が月の幻影を消してくれます。

そして月以外の道によって、本物の神秘家にも、芸術家にも、科学者にも、サラリーマンにもなれます。神秘的力があるという自己印象から自由になることが楽になる道であり、本当の成功の道となるでしょう。

月と肉体の関係

月は幻影であり、本質を持ちません。しかし、肉体には非常に大きな影響を与えています。それは**肉体が本当は幻影であるため**なのです。月星座が表す部位は私たちの肉体的弱点を指しています。

ただし12星座の月と肉体の関係については体質的なものであり、病気になると考える必要はありません。

ただ、月星座が示す肉体の部位があるんだな、ということを知っておくことは有益でしょう。なぜなら、常日頃、月の影響からくるストレスや疲労により、肉体は刺激されています。

結果的に肉体的エネルギーも月に奪われることになるのです。

日常生活を送る上で自分の肉体的弱点を知ることは、体を意識的にいたわる健康的な生き方につながるはずです。

これまでの人生でも「どうも調子が悪い」ということがあったかと思います。また、そうなったときの、改善への目安にもなります。

次のページに、星座ごとの肉体的弱点を表にしました。

きっと心当たりがあるのではないでしょうか。ご自身の肉体的弱点を確認し、これまでの生活を振り返ってみてください。

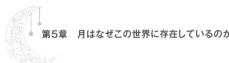

月おひつじ座の肉体的弱点

頭部／日常的思考による衰弱など／
落ち着かない精神状態／充血

月おうし座の肉体的弱点

のどに弱点／五感がにぶい／
疲れると声が出なくなる傾向／弱い声帯

月ふたご座の肉体的弱点

呼吸器が弱い／早く話せない／
早く話すと意味不明になる／咳き込み

月かに座の肉体的弱点

胃が弱い／落ち込むと消化力がなくなる／
胃痛／消化不良

月しし座の肉体的弱点

心臓が弱りやすい傾向／背中に問題が出やすい／
目の力が弱い

月おとめ座の肉体的弱点

不潔な環境や状態で体を壊しやすい／
細胞自体が弱く肌が荒れやすい

月てんびん座の肉体的弱点

肝臓に弱点が出やすい／重たい物をバランスよく持てない

月さそり座の肉体的弱点

陰部や性器に弱点が出やすい／
成長未熟な身体的部位がある場合も

月いて座の肉体的弱点

腰痛／大腿部の血行障害で太ももが太くなりやすい

月やぎ座の肉体的弱点

骨が弱かったりもろかったりする傾向／
肌や髪に問題が出やすい

月みずがめ座の肉体的弱点

血行が悪くなりやすい／足に弱点が出やすい

月うお座の肉体的弱点

足裏に問題が出やすい／薬の害に注意がいる

太陽と月の星座が同じ場合はどうなるの（新月生まれの人）

太陽星座と月星座が同じ、すなわち新月に近い生まれの方の場合です。

結論から言いますと、月から自己認識が始まりますので、月が太陽を最初は隠す形となります。太陽と月が同じ星座にある人は、月の影響をより受けやすいのはいたしかたありません。

太陽は基本的に獲得していくものであり、太陽の力を得ることができればあらゆる問題は解決します。太陽は自己実現の星であり、自己実現の前ではどのような苦しみも、人を破壊や崩壊に導くことはできません。

反対に月は、私たちの人生や生涯を破壊と崩壊に導く働きをします。しかしそれも月が悪いわけではなく、月が示す才能や能力は7歳の時点で止まっているからです。月からスタートした自己イメージは太陽と似てきますので、なかなか太陽意識に到達しにくいのです。自分が自分だと思っているものが、本当は違っている、これは月星座すべてに共通しますが、太陽が同じだとそのことにとくに気づきにくくなるわけです。

ただし、太陽と月が同時に両立することはありません。太陽が出れば、月は完全に姿を隠します。

人の明快な意識活動の前で、月の存在はなくなるのです。太陽意識で生きている人に、迷いは基本的にありません。憔悴をもたらす迷いはないのです。自分が月に支配されているか、太陽意識で生きているかは、日頃の憔悴の度合いや悩みや煩悶の度合いによって判断できます。

要するに、月に支配されているとき、私たちは悩み、憔悴をともなって迷い、苦しむのです。

太陽意識が勝っているときの迷いや疲れとは、まったく違うのです。自己肯定が前提にある人が悩んでも、解決がいつか訪れるだけですが、月の煩悶と憔悴はその人を滅ぼしていきます。要するに、憔悴する形で悩み、迷うとき、どのような選択もすべて間違った方向に向かっているということです。

太陽と月が同じ星座の場合、太陽意識に到達しにくい面がありますので、悩みや煩悶の方向でご自身を判断してください。

憔悴と自己否定が中心にあれば月による支配ですので、自己イメージを捨て、おのずと現れてくる太陽イメージによる自分を重視していくことです。

太陽と月が同じ星座の場合、月の影響力が強まる意味では不運ですが、そのことを理解して、太陽を獲得することになる可能性は普通の場合よりも多いのです。

太陽と月が同じ星座にある人には、与えられた独特のパワーがあり、一度目標とした事柄に突進してエネルギッシュに達成しようとする力があります。

月に太陽がパワーを注ぐ特徴が、太陽と月が同じ星座の場合に起こる顕著な現象です。とにかくパワフルなのです。

しかしその時点では太陽が月を強化した意味でパワフルとなりますが、月による熱情ですので、大体は失敗に終わる運命となります。その際に、この人は挫折の中ではじめて消えない太陽を発見していきます。

月と太陽で同じ星座を持つ人には、特有のパターンがあります。

・夢中になることを発見してのめり込む
・かなりの線まで成功する
・その後失敗して終える
・失意の中で太陽を獲得する

成功と失敗がはっきりしているため、月の影響を受けやすいとしても、この生まれの人は通常よりも太陽を獲得しやすくなります。とくに社会生活を重視したり、チャレンジが多い場合、そうなるでしょう。

太陽獲得こそが人生の目的ですので、太陽と月が同じ星座にある人は、はじめは通常よりも月に翻弄されやすいですが、最終的にはパワフルな太陽を獲得しやすくなるという特徴を持っています。

月とマーヤの関係「輪廻からの脱出」

月は真実をその人が知るまで私たちを完全にだまし続けます。月は私たちを迷妄の闇に招き続けますが、月の目的は私たちをいじめることではないと信じたいです。ほとんどの人類は月にとらわれたまま、死を迎え、また再び輪廻からこの地上に訪れる、そうした構造になっています。悲劇とは、嘘の自分を信じて、叶わぬ自分像を追いかけ、疲れ果てること以外にあるでしょうか。

月は一貫して幻影を振りまき、それが幻影であることを巧みに隠します。幻影とは、すなわちマーヤです。お釈迦さまは「この世はマーヤ」と説かれました。

私たちがそれを見抜いて、自身の本当の人生を送るようにと、月が願っていると信じたいですが、本当のところはわかりません。ほとんどの人が月のとらわれを脱出できずに、何度もこの世に生まれ変わっているのだと思います。

月の働きは地球独特のもので、他の宇宙には似た構造はおそらくないでしょう。

月は迷妄製造機であり、私たちを迷妄へと常に導き、四六時中、それを働きかけています。常々私たちに関わろうとする月はある意味偉大です。徹底的であり〝確信犯〟です。絶対に私たちに悟らせないように働き続けます。

しかし、**月の迷妄から抜けたときの地球人類は、そこらの宇宙人とはくらべものに**

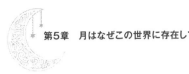

ならないくらいの意識段階に至ると思います。これほど真実を知るのに不利な構造をしている星は他にあるとは思えないからです。おそらく月には本当はもっと違った働きがあったのかもしれません。しかし何らかの理由で、人間を迷妄の闇に押しとどめる機能として、何かが、誰かが使ってきたのかもしれません。

ＳＦ的な話となってしまうので、月理解への信頼性を失いたくないので止めておきますが、月が不思議な存在であることは確かです。

しかし不思議なのは、マーヤが月によるものであることが明解なのに、古今東西の宗教家の月についての言及がない点が気になります。

どうせ言ってもわかってもらえない、と考えたのかもしれません。そうでなければ宗教自体がマーヤであるか、どちらかでしょう。

日本の近代宗教の発祥のほとんどに関わる大本教の出口王仁三郎氏は、月について理解していた気がします。

それは、彼がまず月宮殿《げっきゅうでん》を作ったことからも想像できます。月はマーヤですので、この世の象徴としてのイメージが月宮殿にあったのかもしれません。そしてそれがいずれすべて破壊されてなくなることを、王仁三郎氏は知っていました。わざわざ壊される宮を彼は作ったのです。

大本事件はこの世が幻想であることを示す実践劇そのものでした。しかもおもしろいのは、王仁三郎氏の出生時の月が、おそらくやぎ座にあることです（通説）。

では、出口王仁三郎氏の月についてくわしくみていきましょう。

やぎ座の月に導かれた出口王仁三郎氏

現代のほとんどの新宗教の根底には大本教の存在があり、その聖師と言われた出口王仁三郎氏の影響を受けています。

近代宗教の生みの親とも呼べる出口王仁三郎氏。卓越した能力と先を見通す目はまさに神がかっていました。敗戦を完全に予言し、未来の日本もまるで見てきたように語っていた王仁三郎氏。

彼のホロスコープを見てみると、月がやぎ座にあることがわかります（１８７１年8月27日）。月やぎ座は物質の欠損の最終星座で、この世の物質的なもっとも大きく大掛かりなものをなくす、という働きをします。

大本教は開祖出口なお氏の下、発展を遂げますが、大きく発展させたのは出口王仁三郎氏です。王仁三郎氏は広い人脈を持ち、その人間的器の大きさにより、日本の上層部にも深く浸透していきました。

軍部の上層部、さらに皇室の関係者にまで影響力を発揮し、大本教は本拠地綾部においてさまざまな施設を作って独自の新聞まで発行する大変な成長を遂げていきました。

しかし、その勢力拡大に恐れを抱いた国の上層部は、一転して大本教を弾圧することを決定。2回にわたる大本教破壊工作に至ります。

とくに2回目はひどく、大本教のシンボルでもあった月宮殿を土台まで残さず徹底的に破壊し、捕えられた幹部の中にはひどい拷問のすえに亡くなる人も出るという、殉教の歴史を大本教は持ちます。

王仁三郎氏も捕えられますが、看守などがすぐに王仁三郎氏の影響に染まって氏を崇《あが》める始末で、短期間で看守を変えるようになったと言われます。それほど人間的に

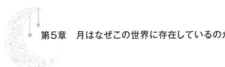

魅力があった王仁三郎氏。

その出生時の月は、物質との関係における欠損を表すやぎ座。

王仁三郎氏は聖地綾部において、それはすばらしい施設の数々を構築。とくに月宮殿は目を見張るほどの美しさであったと言います。


しかし王仁三郎氏は、すべては跡形もなくなるという未来が、最初からわかっていました。

また、そのことが自分の使命であるかのようにも語りました。大本は型を作る役目との自覚があり、構築したものも壊されてこそはじめて型となることを王仁三郎氏はわかっていたわけです。そして、大本はその通りとなり、彼は壊された月宮殿のコンクリート片などを集めて塚を作り、封印したと言います。

自分の役目は大本をひな形として、最初に演じること。そしてその通りのことが拡大されて日本と世界に起こっていくことを知っていたのです。

ですから王仁三郎氏の役目は大本を大きくし、そしてすべてをなくす、ということにありました。奇しくも、月やぎ座は形あるものを最終的になくしてゼロに戻す働きをします。

月はすべてを無に帰す働きをしますので、月やぎ座ということは、組織や会社、企業、国家などを無に帰す働きをします。


王仁三郎氏に占星術の知識があったかはわかりませんが、彼は月やぎ座の運命を選んでこの世に出現したのかもしれません。

月宮殿を完成させ、大本教のすべてを破壊することが目的だったのでしょう。それによって大本劇が完成することになるからです。

月やぎ座の運命を知り、それを利用した王仁三郎氏。すべて形あるものは残らず、大本教を復活させることもなく、戦後は賠償請求も行わずにいた王仁三郎氏。憎むことなく恨むことなく官憲さえ神劇の駒として使った王仁三郎氏。

聖師なきあと、大本教は再開されますが、それは聖師が求めることであったのかどうかは、不明であります。

空海が持ち帰った占星術

もうひとり、月について関心を持った人がいます。真言宗の開祖、空海です。

空海が中国から持ち帰ったものの中に、月の占いがありました。宿曜《すくよう》占星です。この占いは月の通り道に沿った白道《びゃくどう》の意味を占うものですが、なぜか空海はこの占いを持ち帰ります。

ただ今残っている宿曜経にその名残があるかどうかはよくわかりません。

月が無に帰すという観点があるのかないのか、私は宿曜経をあまり知らないので何とも言えませんが、おそらく空海が持ち帰ったものの、それを正しく理解しつなげる人がいなかったと思っています。

何であれ空海がこの占いを持ち帰ったことに重大性を感じます。空海が意味のないことをするわけがないし、また、この世的なただの占いを彼が持ち帰るとも思えません。

あるご婦人がおっしゃることには、毎朝空海が夢枕に訪れて、3年以上の長きにわたっていろいろな教示を受けたというのです。その方がおっしゃるのは、最後の授業の内容が、母音を伸ばして倍音によって発声していくことだったそうです。

これは、私が発見した発声方法である『母音トーニング』と同じです。

確かに実体を感得するワークが母音トーニングだと思います。ですから、月の幻影からの脱出に母音トーニングは適していると思います。

その他、物を触ることもそうでしょう。とくに目をつぶって物を触る、また目を閉じて道を歩く（危険なのでひとりでは絶対に行わないでください。ただ目を閉じて歩けば、通常はマーヤは消えます。リアルになるしかないためです）ことも有効です。

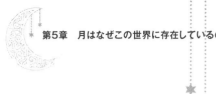

月は本当に母なのか

占星術において、月は母を表します。月について懐疑的な論を述べている私としては、この点においても本当に月が母なのか、疑問に思います。

まず、占星術のことは置いておいて、母なる存在を思うとき、家で母が明るく気持ちが豊かであれば、その家にいるすべての人も楽になり救われます。

父がいい人で、やさしく明るく頼もしくても、もし母が暗く陰気で冷たかったら、家の雰囲気は暗くなります。どんなに父や兄弟姉妹が頑張って明るくしても、家の雰囲気を変えることはできません。

要するに、**母は家の中では太陽**なのです。父は太陽ではなく、家では母こそが太陽であり、父や子がどんなに頑張っても、母だけが全体を意味づけする存在であり、家族や家庭に価値があるようにさせる存在です。

もちろん物理的に母がいない家庭では父や誰かが変わって母なる存在の肩代わりをするように働きます。なぜなら、母なる存在、すなわち太陽がないとその家には光が満ちないわけで、母がいない場合は、誰かが母の代わりとして太陽の役を肩代わりすることになるのは必然です。

しかし、太陽になれない母がいる、もしくは母がいない家庭なのに父が太陽になりきれないでいる、そんな家では一番やさしい子どもが家の太陽になろうとして頑張ります。

しかしいくら頑張っても、子どもは太陽になることはできませんので、やさしい子のエネルギーを他の家族が奪い、太陽になって家を支えようとしたやさしい子はエネルギーを失っていきます。

また、両親が家庭に関心がなく、どちらも太陽になれない家庭では、母も父も外の世界で太陽になろうと一生懸命なのです。母や父は社会的には成功者かもしれませんが、その家の中に太陽はなく、その代わりを一生懸命にやろうとしていた一番やさしい子どもが犠牲になる形で家はかろうじて保たれます。

家庭内の事件が世の中には数多く見られます。官僚として大出世した人が子どもを殺すなどの事件も起きています。

両親が太陽ではなく、やさしい子どものエネルギーを奪う形で家庭内暴力が起きたのですが、子を殺す形で終結したものの、父はやむを得ずそうなったというふうに持って行こうとした印象です。ですが、自身は、今なお太陽としての存在感を外に向けてアピールしているわけです。

「立派な父親なのに、仕方なかったのね」と、社会に向けた自分の人生にしか関心がないのでしょう。本当に悲しい事件でした。

しかし人は太陽がなければ自身の意味づけも生きがいも生まれません。太陽こそがすべての中心にあり、それが中心になり得なかった際に、あらゆる問題が生じるのです。

話を元に戻しますが、家においてその中心になるものが月であるわけがありません。母こそが太陽なのです。

両親が外で太陽になることを望むと家は暗くなり、そうした家では、世間が太陽であり、社会の評判が太陽であり、規範が太陽であり、ルールや年収が太陽であり、卒業した学校が太陽であり、出世こそが太陽となります。

しかし、どんなに外の太陽を獲得しても家には太陽がない、そうした家庭で育った人は、すでに精神的に殺されています。

また、自身も両親と同じように外に太陽を求めたら、学歴主義や出世主義や教条的な生き方の中にいることでしょう。

その場合は必ず、もっともやさしいひとりの兄弟姉妹を犠牲にしています。

こう考えると、女性が家庭の太陽であることを捨てたことで、この世の中は悪くなっていったと言えます。本来の女性は家庭の太陽であったはずです。

しかし、太陽を獲得できない男性が家の中では太陽の主権を形の上で奪い、教条的で一方的な価値を押しつける、本来女性は太陽であるはずが、結婚制度の安定の中で自己保身のために夫を立て、家族の命を裏切っていった面があるのです。

ことに明治以降の気持ち悪さはここにあります。

ですから、この世の変化はまず、女性が太陽を取り戻すことからしか始まらないということです。

月の存在はわずか1万5000年ほど前であり、新参者です。それが女性から女性性を奪い、太陽から女性を切り離したと考えると非常につじつまが合います。残ったインチキ太陽を男性が背負ったのです。

女性が今やるべき意識改革は、男性を恐れないことです。男性には何の力もないのです。見せかけの太陽があるだけ。

命の意味づけが女性の仕事であるにもかかわらず、表面的な男性の強さに女性がずるく従ったところに人類の悲劇があったのです。

月にだまされた女性は、本当は自分が太陽であるとの意識改革が必要です。

女性は太陽であり、太陽でない限り本当の力は出ません。

月を女性であり、月を妻であると思わせた、深い深い陰謀が地球支配の根源にあったと、私は思います。

ある意図のもとに、人間が管理されてきたことが月と太陽との関係においてわかります。女性が目醒めない限り新しい時代の到来はないのかもしれません。

おわりに

月についての私の解釈は、これまでの占星術の歴史にはなかったはじめてのものです。

そのため、最初は大勢の方から非難されましたし、占星術関係の人達からも一切、好意的な反応はありませんでした。無理もないことと思います。

これまでの占星術における月の解釈とはまるで反対の内容であったのですから。

しかし、さらに昔からある月解釈のキーワードをたどってみると、じつはそれほどの乖離がありません。

伝統的な月のキーワードは、反射であり、反応であり、無であり、過去であり、死の星であるとの解釈。それはまさに正しく、その通りと言えるものです。

私たちは「星が悪いはずがない」という先入観によって、月をイメージしてきたのかもしれません。

ことに太陽と月はライツと呼ばれ、光る星のことを指します。私たちは光がなければ何も見ることはできませんので、夜になれば明かりをつけるように、必ず光を必要とします。

生きることもそれと同じで、太陽かもしくは月のどちらかの力を選択する形となります。

昼は太陽が照らしてくれますので、物や外界がよく見えます。しかし夜になると暗くなりますので、月明かりに頼ります。おもしろいのは、太陽が照らす外界と、月が照らす外界とでは、まったく異なる様相を私たちに見せる点です。

生きることもそれと同じで、太陽もしくは月のどちらかの力を選択する以外にないのです。太陽の力によって、物事は明るく明確で目的がはっきりし、元気に生きられるようになります。しかし、月の力を選択したとき、失敗を恐れ、過去を振り返り、不安と恐怖にとらわれて前向きな姿勢を失います。

私たちは、常々、太陽か月か、必ずどちらかを選択して生きているわけなのです。

そして月を選択すれば、自分の弱さをかくまう一見安心な生き方となりますが、一切発展のない生涯を送ることになります。

一方、太陽を選択する人生は厳しく現実に立ち向かう生き方になりますので、大変でも元気で明るく、前向きになり、大きな成果を出すことが多くなります。

無理して成果など欲しくないという考えももちろんありますが、魂の成長という意味において、月は常に足を引っ張り続け、太陽は魂の成長を促す方向に私たちを進ませます。

当著では一貫して「月に気をつけて欲しい」「月よりも太陽を選択して生きて欲しい」と語ってきました。その通りです。

ですが、最後に月と太陽の本当の関係についても、お話しして終えたいと思います。

月は確かに成長しきれない私たちの7歳までの自分を表します。子どもがそのまま社会に出ていけば、大人のまねごと程度しかできず、私たちは自分の能力を発揮することはできません。

しかし、7歳までの自分が住んでいた場所やその当時の思いや印象が、たとえば汚れたスラムのような街であったとしても、私たちの心の奥には、そこが自分がいつでも戻れる世界として認識され続けます。なので、そこが成長のないようなところであるにもかかわらず、一時の安寧と安心をいつでも与えてくれる世界ともなるのです。

私たちは現実に傷つき、自分の限界を知り、周囲に負けたり、失敗したりして自信を失うとき、一時の安寧を与えてくれる世界に戻りたくなります。

まさに月にはそうした働きがあることも事実です。

その安寧の月の部屋に一泊程度はとどまることは傷ついた自分を母の胸で癒すことと同じです。

しかしそこに何泊もするうちに、だんだんと前向きさを失い、明るい前向きな世界に戻れなくなっていきます。月の部屋にいつまでもとどまることを、私たちは決してしてはいけないのです。

一泊、もしくは一瞬戻って、傷ついた自分を慰める働きは必要で、それは月にしかできません。

月の意味をあえて最後まで隠したのは、先にそれを言えば、人は簡単なほうへすぐに進んでしまうためです。

月がふるさとであることだけは確かです。しかし、そこに少し戻ることはあっても、もうそこは暮らす場所ではないのです。

幼稚園で自立しようとする園児を、いつまでも母がそばにいて見守っていたなら、園児は幼稚園になじむことはできなくなります。母は園児の自立のために遠ざかる必要があるのです。

しかし、大人になっても月の小部屋に逃げる人は多くいます。この世に私たちが生まれ出た意味は、月の小部屋で生涯を送ることとは違うのです。もっと別の意味があるのです。

本当の目的は太陽が与えるバイタリティーに沿って、自身の魂の目的を達成させることです。それを解き明かすのが占星術なのです。

しかし、その占星術においてさえ、月の解釈に間違いがあり、むしろ月の罠にはまった解釈に終始しています。月の教科書が迷走の時代の光となってくれることを願っております。

この本は、人気雑誌『anemone（アネモネ）』などの出版を手掛ける株式会社ビオ・マガジンの西宏祐社長のおすすめにより世に出るものです。西氏とは古いおつき合いで、とくに仕事を一緒にしたこともないのに、なぜか昔から親しくさせていただいている友人のような方でもあります。

西氏は、私が語る月の内容に直観的にその重要性を悟り、ぜひとも本にしたいと言ってくださいました。かなり前からの要望でしたが、私の原稿が遅々として進まず、大変ご迷惑をおかけしましたが、忍耐強く待っていただきやっと陽の目を見ることになりました。西氏の忍耐あってこその実現であり、深く感謝申し上げる次第です。

編集をご担当された有園智美様にもいろいろとご迷惑をおかけしましたが、わがままな私に最後まで明るくご対応いただき本当に感謝しております。

月を知ることは、嘘の自分から抜け出て、生きることが楽になる道でもあります。

「自分とは何か……」「生きるとは何か……」を真剣に追究されているすべての方に向けて私はこの本を書きました。

また、占星術を学ばれている多くのみなさまへ、私からの心からの贈り物とさせていただきたいと思います。

2021年7月吉日

マドモアゼル・愛

マドモアゼル・愛

1970代に占星術界にデビュー。以降、常に一線で活躍。みずがめ座。

日本で最初の『占星天文暦 エフェメリスオブジャパン』を出版。

和歌の研究を経て、その後母音と周波数の研究へ至り、独自ブランドのMIチューナーを開発。MIチューナーは世界一品質のチューナーとして認知される。フリーエネルギーの本質を学ぶところから陰圧とマイナス世界に通ずるさまざまなアイデア品を生み出す。

さらに、月の研究は占星術界に大きな波紋と影響を与えた。

著書に、『宿命を知り、活かす 恒星占星術』(説話社)、『自分の素晴らしさに気づいてますか』(三笠書房)など多数。

また、ニッポン放送の人気番組『テレフォン人生相談』の回答者を務める。昨今は、自身の公式YouTubeチャンネルも人気を博し、すでに登録者数は10万人を超えるまでになった。

マドモアゼル・愛公式ショップ
https://www.hoshitomori.net

マドモアゼル・愛 YouTubeチャンネル
https://www.youtube.com/channel/UCYdR4KN71wDKR4-2Xxirz_g

月の教科書

占星術が誤解していた、この星の真相

2021年9月28日　第一版　第一刷
2024年4月１日　　　　　第四刷

著　　　者　マドモアゼル・愛

発　行　人　西 宏祐
発　行　所　株式会社ビオ・マガジン
〒141-0031　東京都品川区西五反田8-11-21
五反田TRビル1F
TEL:03-5436-9204　FAX:03-5436-9209
https://www.biomagazine.jp/

編　　　集　有園智美
校　　　正　株式会社ぷれす
デ ザ イ ン　堀江侑司
D　T　P　大内かなえ
写　　　真　NASA
印刷・製本　株式会社シナノパブリッシングプレス

万一、落丁または乱丁の場合はお取り替えいたします。

ISBN978-4-86588-005-2　C0011